Karl-Jürgen Bieback
Verfassungsrechtlicher Schutz gegen Abbau und Umstrukturierung von Sozialleistungen

Schriftenreihe
der
Juristischen Gesellschaft zu Berlin

Heft 152

1997
Walter de Gruyter · Berlin · New York

Verfassungsrechtlicher Schutz gegen Abbau und Umstrukturierung von Sozialleistungen

Von
Karl-Jürgen Bieback

Vortrag gehalten vor der
Juristischen Gesellschaft zu Berlin
am 12. März 1997

1997
Walter de Gruyter · Berlin · New York

Prof. Dr. *Karl-Jürgen Bieback,* Hamburg

☉ Gedruckt auf säurefreiem Papier,
das die US-ANSI-Norm über Haltbarkeit erfüllt.

Die Deutsche Bibliothek – *CIP-Einheitsaufnahme*

Karl-Jürgen Bieback:
Verfassungsrechtlicher Schutz gegen Abbau und Umstrukturierung
von Sozialleistungen : Vortrag gehalten vor der
Juristischen Gesellschaft zu Berlin am 12. März 1997
von Karl-Jürgen Bieback. – Berlin ; New York : de Gruyter, 1997
 (Schriftenreihe der Juristischen Gesellschaft zu Berlin ; H. 152)
 ISBN 3-11-015 810-8
NE: ...

© Copyright 1997 by Walter de Gruyter & Co., D-10785 Berlin
Dieses Werk einschließlich aller seiner Teile ist urheberrechtlich geschützt. Jede Verwertung außerhalb der
engen Grenzen des Urheberrechtsgesetzes ist ohne Zustimmung des Verlages unzulässig und strafbar. Das gilt
insbesondere für Vervielfältigungen, Übersetzungen, Mikroverfilmungen und die Einspeicherung und Verarbeitung in elektronischen Systemen.
Printed in Germany
Satz und Druck: Saladruck, Berlin
Buchbinderische Verarbeitung: Fuhrmann GmbH & Co. KG, Berlin

Kürzungen und Umbau von Sozialleistungssystemen sind vielfach Gegenstand von Entscheidungen des Bundesverfassungsgerichts und Erörterungen in der Literatur gewesen. Meine Analyse will dieses reichhaltige Material ordnen, systematisieren und kritisch würdigen. Es soll induktiv geprüft werden, in welchem Ausmaß die verfassungsrechtliche Praxis Schutz gewährt hat.

Sozialpolitisch geht es bei dem Thema um die Frage, inwieweit die Bürger auf die Beständigkeit sozialpolitischen Handelns und sozialer Leistungen der öffentlichen Hand vertrauen können. Ausfall oder auch nur Kürzungen staatlicher Sozialleistungen können sie oft nicht kompensieren, sei es, daß sie selbst nicht vorsorgefähig waren oder daß man sich gegen das Risiko, wie die Massenarbeitslosigkeit, individuell oder als Gruppe gar nicht sichern kann, sei es, daß sie über den Versicherungszwang große Teile ihres Einkommens, das für eine Vorsorge zur Verfügung gestanden hätte, in die staatliche Sozialversicherung investieren mußten.

Bei Umbau und Kürzungen geht es verfassungsrechtlich um zwei eng verbundene, aber doch scharf verfassungs- und sozialrechtlich zu trennende Probleme: Einmal um das Vertrauen des Bürgers auf den Bestand oft existentiell wichtiger konkreter Leistungen, und zum anderen um die allgemeinen Anforderungen der Verfassung an die Ausgestaltung von Sozialleistungssystemen.

Nach einer kurzen Darstellung des Umbau- und Kürzungsprozesses der letzten zwanzig Jahre (1.) will ich den ersten Aspekt erörtern, verfassungsrechtlich konkreten Bestandsschutz von Sozialleistungen über Art. 14 GG zu gewähren (2.). Der Schutz über Grundrechte bietet sich geradezu an, grenzen Grundrechte doch Bereiche individueller Freiheit gegen staatliche Veränderungen ab und geben über die Verfassungsgerichtsbarkeit die Möglichkeit, staatliche Eingriffe kontrollieren zu lassen. Danach will ich den zweiten Aspekt analysieren, den Schutz durch allgemeine verfassungsrechtliche Anforderungen an die Ausgestaltung des Sozialleistungssystems, einerseits durch grundrechtliche und allgemeine sozialstaatliche Schutz- und Förderpflichten (3.) und andrerseits durch objektive Verfassungsprinzipien (4.); beide werden vor allem über Art. 3 GG zu einklagbaren individuellen Rechtspositionen (5.).

Meine *erste These* ist,
daß es nicht die Regelungen über den Bestandsschutz konkreter Positionen, sondern die allgemeinen und formalen Anforderungen sind, die für Aufbau, Ausbau und Umbau gleichermaßen gelten und die Kürzungen (wenige) verfassungsrechtliche Grenzen setzen.

Zum Schluß (6.) soll die sozialpolitische Frage nach den Ursachen für dieses Manko und nach Alternativen behandelt werden (7.). Hier geht es um die Frage, was denn „Sicherheit" im Sozialstaat eigentlich bedeuten kann und sollte.

1. Abbau und Umstrukturierung von Sozialleistungen

Kaum ein anderer Bereich der Politik stand in den letzten Jahren so sehr im Mittelpunkt der Auseinandersetzungen wie die Kürzungen und Umstrukturierungen im Bereich der Sozialleistungen. Dabei soll die politische Kontroverse gleich zu Beginn relativiert werden. In der Zeit der ersten größeren Wirtschaftskrise nach dem 2. Weltkrieg in den Jahren 1973 ff. („Ölpreisschock") hatte schon die alte SPD/FDP-Koalition das Arbeitsförderungsrecht[1] und das Rentenversicherungsrecht[2] in einem Maße gekürzt und umstrukturiert, das nicht hinter den späteren Kürzungen der achtziger und neunziger Jahre zurückstand.[3] Kürzungen und Umbau des Sozialleistungssystems haben also eine 25jährige, parteiübergreifende Tradition.

Andrerseits ist das Sozialleistungssystem auch nach 1975 noch ausgebaut worden, z. B. durch die Künstlersozialversicherung von 1981, die Pflegeversicherung von 1994, die Erweiterung des Familienlastenausgleichs und der sozialen Sicherung bei Kindererziehung und schließlich die Einbeziehung der neuen Länder in das Sozialleistungssystem mit zahlreichen Besonderheiten und Leistungserweiterungen.

Die Veränderungen der Sozialleistungen in den letzten 25 Jahren sind so vielgestaltig, daß sie nur sehr grob skizziert werden können.[4] Der Schwer-

---

[1] Zum Haushaltsstrukturgesetz-AFG 1975 und insbesondere dem AFKG 1981: *Eckart Reidegeld*, 15 Jahre Arbeitslosenversicherung und Arbeitsmarktpolitik bei Massenarbeitslosigkeit – Rückblick auf einen Leidensweg, Zentralblatt für Sozialversicherung 1990, 129 ff.; *Hans Werner Bach*, 25 Jahre Arbeitsförderungsgesetz – Ein Grund zum Feiern? 1994, 133–140; *Jürgen Kühl*, Das Arbeitsförderungsgesetz (AFG) von 1969, MittAB 1982, 251–260; *ders.*, Die wesentlichen Änderungen im Bereich des Arbeitsförderungsgesetzes seit 1969, MittAB 1993, 271–278.

[2] Zum 20. und 21. Rentenanpassungsgesetz von 1977/78: *Frank Nullmeier/Friedbert W. Rüb*, Die Transformation der Sozialpolitik, 1993, 116 ff. und *Christopher Hermann*, Entwicklungslinien der 100jährigen Geschichte der gesetzlichen Rentenversicherung: Die Zeit von 1957–1991, in: VDR/Ruland (Hrsg.), Handbuch der gesetzlichen Rentenversicherung 1990, S. 127 ff. beide m. w. N. Die Abwertung der beitragslosen Zeiten gebilligt durch BVerfGE 58, 81 und 64, 87, Kürzungen in der Krankenversicherung der Rentner durch das KVKG wurden als verfassungsgemäß angesehen in BVerfGE 69, 272 (298 ff.).

[3] In der RV 1977/8 allein Kürzungen von 7,5 % der Gesamtausgaben, vgl. *Hermann* ebda.

[4] Vgl. *Diether Döring/Richard Hauser* (Hrsg.), Soziale Sicherheit in Gefahr, 1995; Reichsbund der Kriegsopfer, Behinderten, Sozialrentner und Hinterbliebenen e.V., Einschränkungen im Sozialen Bereich 1975–1985, Bonn 1986; *Karl-Jürgen Bieback*, Das

punkt der Kürzungen liegt nicht in der Abschaffung ganzer Leistungen/ Leistungszweige. Hier waren die Streichung des Schüler-BAföGs 1984 und (die vorübergehende Streichung) des Schlechtwettergeldes 1994 eher eine Ausnahme. Die üblichen Arten zu kürzen sind vielmehr:

1. Die Kürzungen *stärken* das *„Versicherungsprinzip"*, indem sie die Umverteilungswirkungen der Sozialversicherung einschränken und Personen ausgrenzen, die keine oder nur geringe bzw. diskontinuierlich Beiträge gezahlt haben:

– Die Leistungsvoraussetzungen, vor allem die notwendigen Vorversicherungszeiten, werden erhöht, wodurch der Kreis der Leistungsberechtigten eingeschränkt wird.

– Der Kreis der Leistungsberechtigten wird restriktiver gefaßt, wie dies 1982 durch den Ausschluß der Schüler aus dem BaföG und der arbeitslosen Schul- und Studienabgänger aus der (originären) Arbeitslosenhilfe geschah.

– In der Sozialversicherung wird beitragslosen Zeiten die Wirkung genommen, Ansprüche zu begründen, oder ihre Bewertung wird abgesenkt.

2. Volumenmäßig am wichtigsten sind die Formen, die das *Sicherungsniveau der Sozialleistungen absenken:*

– Die Berechnungsgrundlage der Leistungen wird reduziert, bei Lohnersatzleistungen die Basis, der berücksichtigungsfähige Lohn, oder es werden der Prozentsatz des Lohnersatzes, bei Sozialhilfe und Förderleistungen die Ermittlung des notwendigen Bedarfs, verändert, z. B. der Regelsatz der Sozialhilfe oder die berücksichtigungsfähige Miete des Wohngeldes.

– Die bedarfsbezogenen Leistungen werden nicht entsprechend den gestiegenen Einkommen und Preissteigerungsraten angeglichen, bei bedürftigkeitsbezogenen Leistungen wird der Freibetrag für anzurechnendes eigenes Einkommen oder Einkommen Unterhaltspflichtiger nicht angepaßt.

– Bei Sachleistungen wird eine Selbstbeteiligung verlangt, wie in der Krankenversicherung und im Rehabilitationsrecht.

3. „Nur" die sozialstaatliche Rechtssicherheit ist betroffen, wenn feste Ansprüche umgewandelt werden zu *Ermessensleistungen,* deren Vergabe dann von der Menge der zur Verfügung gestellten Mittel abhängt[5], wie bei fast allen Leistungen der aktiven Arbeitsmarktpolitik des AFG.[6]

Sozialleistungssystem in der Krise, ZfS 1985, 577 ff., 641 ff., 705 ff.; *Barbara Riedmüller/Marianne Rodenstein* (Hrsg.), Wie sicher ist die soziale Sicherung? 1989; *Michael Stolleis*, Möglichkeiten der Fortentwicklung des Rechts der sozialen Sicherheit zwischen Anpassungszwang und Bestandsschutz, Verhandlungen des 55. Deutschen Juristentages 1984, S. N 9 ff. Die Übersicht von *Steffen* in der Frankfurter Rundschau v. 22. 12. 1995 berücksichtigt nur die Zeit ab 1982, dem Beginn der christlich-liberalen Koalition.

[5] Allerdings müssen die vorhandenen knappen Mittel sachgerecht über das Jahr verteilt werden. Vgl. BSG SozR – 3 – 4100 § 55 a Nr. 1. *C. Koch*, Haushaltslage und Leistungspflicht der Bundesanstalt für Arbeit, VSSR 1992, 104 ff.

[6] Vgl. *Karl-Jürgen Bieback* in Kritische Justiz Heft 1/1997.

4. Nur schwer zu erfassen sind Änderungen der Leistungen, die im *Prozeß der Leistungserbringung* rein verwaltungsmäßig erfolgen. Dies kann durch eine restriktive Anwendung unbestimmter Rechtsbegriffe oder des Ermessens geschehen, vor allem im Bereich der sozialen Förderpolitik (aktiver Arbeitsmarktpolitik, Jugendhilfe) und der Sozialhilfe.[7]

5. Besonders problematisch ist die *Kürzung der „Realtransfers"*, die weitgehend im Ermessen der öffentlichen Verwaltung liegen: Abbau der institutionellen Förderung bei Einrichtungen, die nicht an individuelle Klienten nach dem Kostenerstattungsprinzip leisten (von Straßensozialarbeit über den Betreuungsschlüssel der Familiensozialarbeit bis hin zur Obdachlosenhilfe) und Kürzungen im Sozialisations- und Bildungsbereich (wie größere Gruppen in Kindergärten oder Schulen, geringere Ausstattung von Büchereien).

6. *Umstrukturierungen*, die für bestimmte Gruppierungen zwar Kürzungen, für andere aber auch Leistungserweiterungen bewirkten, oft insgesamt die Mittel im System nur kostenneutral umverteilten, brachten vor allem die Rentenreformen von 1977 (Rentensplitting bei Scheidungen), 1986 (Hinterbliebenenrenten) und von 1989/92.[8] Erhebliche Umstrukturierungen und Kürzungen brachten das AFKG von 1981 und das SGB III von 1996.[9] Ähnliches steht in der Krankenversicherung an.

2. Bestandsschutz durch Art. 14 GG?

2.1. Allgemeiner Vertrauensschutz und Schutz gegen Rückwirkung von Gesetzen

Bestandsschutz gegenüber Änderungen der Gesetzgebung wird in allgemeiner Form als Gebot des Vertrauensschutzes und des Übergangsrechts aus dem Rechtsstaatsprinzip abgeleitet und nach der traditionellen Rechtsprechung des Bundesverfassungsgerichts[10] nur gewährt bei der sog. echten Rückwirkung, dem Eingriff in schon abgeschlossene Sachverhalte, deren Schutz nur ausnahmsweise gegenüber zwingenden Gründen des Gemeinwohls weichen kann und ihnen gegenüber abgewogen werden muß. Als

---

[7] Beispiele bei: *Karl-Jürgen Bieback*, Leistungsabbau und Strukturwandel im Sozialrecht, Kritische Justiz 1984, S. 257–278, 266/67.

[8] Zu ihnen: *Christopher Hermann*, Fn. 2 und *Wolfgang Heine*, Entwicklungslinien der 100jährigen Geschichte der gesetzlichen Rentenversicherung: Die Rentenreform 1992, in: VDR/Ruland (Hrsg.), Handbuch der gesetzlichen Rentenversicherung 1990, S. 141 ff. sowie Nullmeier/Rüb, Fn. 2, passim.

[9] Siehe Fn. 1 und 6.

[10] Grundlegend BVerfGE 11, 139 (145 ff.) (1. Senat). Dazu *Hartmut Maurer*, Kontinuitätsgewähr und Vertrauensschutz, in: Isensee/Kirchhof, Handbuch des Staatsrechts, Bd. III, 1988, § 60 S. 211 ff.; *Bodo Pieroth*, Rückwirkung und Übergangsrecht 1981; *Hans-Jürgen Papier*, Verfassungsrechtliche Probleme von Übergangsrecht, SGb 1994, S. 105 ff.

Abwägung zwischen zwei Prinzipien geht es dabei letztlich um eine Prüfung der Verhältnismäßigkeit.[11] Bei der unechten Rückwirkung, der Gestaltung von noch nicht abgeschlossenen Sachverhalten in die Zukunft hinein, gibt es dagegen nur einen reduzierten Schutz, für den Fall, daß der Vertrauensschaden die gesetzgeberischen Belange erheblich überwiegt.[12]

Zu Recht sind die Unterscheidung zwischen echter und unechter Rückwirkung und der geringe Schutz bei unechter Rückwirkung als zu schematisch und inadäquat kritisiert worden.[13] Hält man den Zeitpunkt des Inkrafttretens des Gesetzes für maßgeblich, so lassen Umbau und Kürzungen schon ausgezahlte Leistungen meist unberührt, ändern nur zukünftige Leistungen und Gestaltungsmöglichkeiten. Sie sind deshalb unechte Rückwirkungen mit einem eingeschränkten, selten wirksamen Schutz. Während der 2. Senat des Bundesverfassungsgerichts[14] diese rigide Rechtsprechung zu Rückwirkung und Vertrauensschutz auflockerte und erweiterte und die Unterscheidung von echter und unechter Rückwirkung aufgab, hielt der 1. Senat an der alten Vertrauensschutzrechtsprechung fest und erreichte ihre Erweiterung für das Sozialversicherungsrecht dadurch erreicht, daß er Sozialversicherungsleistungen dem Schutz des Art. 14 GG unterstellte. Nun sind alle Änderungen als Eingriffe in ein Grundrecht voll am Verhältnismäßigkeitsprinzip zu überprüfen. Es ist nur konsequent, daß dieser besondere, grundrechtliche Schutz gegenüber dem allgemeinen Vertrauensschutz lex specialis[15] ist.

Meine *zweite These* ist nun,

daß die Einbeziehung öffentlich-rechtlicher Sozialleistungsansprüche in den Eigentumsschutz vor allem die Funktion hatte, die engen dogmatischen Strukturen der Rechtsprechung zum Vertrauensschutz zu überwinden.

2.2. Eigentumsgarantie

Gilt es gegenüber einer gesetzlichen Neuregelung Bestehendes zu verteidigen, so bietet sich vor allem der „Bestandsschutz" erworbener gesetzlicher Rechte durch Art. 14 GG an. Hier hat das Bundesverfassungsgericht nach der ersten Welle der Kürzungen von 1975 ff. 1980[16] entschieden, daß durch Beiträge finanzierte Leistungen der Sozialversicherung den Schutz

---

[11] Vgl. zur Abwägung von Prinzipien *Robert Alexy*, Theorie der Grundrechte, 1986, S. 71 ff.
[12] Vgl. z. B. BVerfGE 51, 356 (362 ff.).
[13] Vgl. *Maurer* und *Papier* ebda. m. w. Nachw.
[14] BVerfG v. 22. 3. 1983, E 63, 343 (353) und 72, 200 (241 ff.).
[15] Dazu 1. Senat BVerfGE 76, 220 (244) unter Verweis auf E 45, 142 (168); 53, 257 (309); 58, 81 (120); 70, 101 (114).
[16] BVerfGE 53, 257 (289 ff.) zum Versorgungsausgleich in der Rentenversicherung.

der Eigentumsgarantie genössen.[17] Diese Innovation der Rechtsprechung war lange gefordert worden[18] und stieß sofort auf große Zustimmung.[19]

Voraussetzung für die Anwendung des Eigentumsschutzes ist, daß der jeweilige Anspruch
1. der „privaten Verfügung" der Berechtigten unterliegt, d. h. „privatnützig" ist und
2. auf eigenen Leistungen beruht sowie
3. der Existenzsicherung dient.

Die letzten beiden Elemente verdeutlichen das funktionale Verständnis des Eigentumsschutzes, das dieser Rechtsprechung zugrunde liegt[20], und sie sind zugleich die Beweggründe dafür, die traditionellen Bedenken zu überwinden und den Eigentumsschutz nicht auf private Rechte zu beschränken, sondern auch auf subjektive öffentliche Rechte, die Ansprüche auf Sozialleistungen, auszudehnen. Denn unabhängig von ihrem Entstehungszusammenhang und ihrer Ausgestaltung erfüllen Sozialleistungsansprüche heute für die meisten Bürger die gleichen Funktionen wie das persönliche Vermögen für die „Besitzbürger" in der Zeit des 19. Jahrhunderts, als das Grundrecht auf Eigentum herausgebildet wurde. Sozialleistungen sollen einen Eigenbereich materieller Existenz und damit persönlicher Freiheit absichern. Verfassungs- und sozialpolitisch wird versucht, Form und Substanz der Garantie materieller Sicherheit durch die Grundrechte mit der Sicherheit im und durch den Sozialstaat zu verbinden.

2.3. Ergebnisse der Rechtsprechung des Bundesverfassungsgerichts

Die verfassungs- und sozialrechtliche Literatur ist ganz davon beherrscht, zu untersuchen, welche Konsequenzen diese Erweiterung des Eigentumsschutzes für die dogmatische Struktur des Art. 14 GG hat[21] und

---

[17] Vgl. weiter BVerfGE 69, 272 (300); 72, 9 (18); 76, 220 (235). Ausführlicher zur Rechtsprechung des Bundesverfassungsgerichts: *Rolf Stober*, Eigentumsschutz im Sozialrecht, SGb 1989, 53 ff.; *Hans-Jürgen Papier* in: Maunz/Dürig/Herzog/Scholz, Kommentar zum Grundgesetz, Art. 14 Rdnr. 132 ff.

[18] Sondervotum *Rupp-v. Brünneck*, in BVerfGE 32, 111 (142). Weitere Nachweise bei: *Harry Rohwer-Kahlmann*, Rentenversicherung und Eigentumsschutz (Art. 14 GG), SGb 1980, 325 ff.; *Stephan Leibfried*, Das neue Eigentum, Zeitschrift für Sozialreform 1975, S. 257 ff.

[19] Zusammenfassend die neuere Darstellung der Rechtsprechung bei ihren Kritikern: *Hoimar von Ditfurth*, Die Einbeziehung subjektiv-öffentlicher Berechtigungen, insbesondere sozialversicherungsrechtlicher Positionen, in den Schutz der Eigentumsgarantie, 1994; *Otto Depenheuer*, Wie sicher ist verfassungsrechtlich die Rente? AÖR 120 (1995), S. 417 ff. Vgl. zuletzt *Burkhard von Seggern*, Verfassungsrechtliche Grenzen des Sozialabbaus, Soziale Sicherheit 1996, 367–375.

[20] Krit. zu ihm *Depenheuer*, ebda., S. 417 ff., 420 ff.

[21] Vgl. zuletzt *Depenheuer*, ebda; *Hoimar von Ditfurth*, ebda; *Jürgen Eschenbach*, Der verfassungsrechtliche Schutz des Eigentums, 1996, beide m. w. N.

wie die Vielfalt von Leistungsansprüchen und Kürzungsgesetzgebung zu beurteilen ist.[22] Viel notwendiger ist aber, einmal den konkreten Ertrag dieser Rechtsprechung zu analysieren. Und der ist denkbar gering. Von den mehr als 30 Verfahren, in denen das Bundesverfassungsgericht sozialrechtliche Neuerungen an Art. 14 GG maß, hat es nur in vier Fällen die Änderungen für verfassungswidrig erklärt und dies auch nur in Randbereichen.

(1) In zwei Fällen ging es letztlich um *Gleichbehandlung im System.* In dem Urteil zum Versorgungsausgleich und Rentensplitting nach der Ehescheidung[23] mußte der Verlust, der durch die Überweisung von Rentenanwartschaften an den ausgleichsberechtigten Ehegatten entsteht, in „Härtefällen" abgemildert werden, sonst wäre der Eingriff in das Eigentum unverhältnismäßig. Härtefälle sind Sonderfälle, deren Berücksichtigung schon Art. 3 GG gebietet, der auch Typisierungen beschränkt. Im anderen Fall[24] wurde der Entzug von Leistungen bei Arbeitslosigkeit allein wegen der Versäumung von Meldefristen ohne Verschulden als unverhältnismäßig gewertet. Dies wurde durch einen Vergleich mit dem anderen Entzugsgrund, den Sperrzeittatbeständen, begründet, die Zumutbarkeit und Verschulden verlangen. Inhaltlich lag der Schwerpunkt der Entscheidung also bei einem systemimmanenten Vergleich, weshalb das Ergebnis auch zusätzlich mit Art. 3 GG begründet wurde.

In beiden Fällen hätte also die Anwendung von Art. 3 GG zum gleichen Ergebnis geführt. Es wird sogar die Prüfung des Eigentumsschutzes, die Entscheidung über die Unverhältnismäßigkeit der Regelung, inhaltlich über das Gebot der Gleichbehandlung bzw. hinreichender Differenzierung gesteuert. Es dominiert also nicht der Schutz konkreter, individueller Grundrechtspositionen, sondern, und so lautet ja die erste These, der systemimmanente Vergleich, die Anwendung allgemeiner Verfassungsprinzipien.

(2) Nur in zwei weiteren Fällen hatte die Argumentation über Art. 14 GG eine eigenständige Bedeutung, und führte dann – so ja die zweite These – dazu, einen besonderen *Vertrauensschutz und ein Übergangsrecht* zu fordern. Einmal hat es das Bundesverfassungsgericht für geboten erachtet, denjenigen Personen, die gerade in Hinblick auf günstige Regelungen eine Pflichtmitgliedschaft in der Rentenversicherung beantragt hatten, als Übergangsregelung ein Austrittsrecht zu geben, wenn ihre Position kurz nach ihrem Eintritt schon wieder erheblich verschlechtert wurde.[25] Zum

---

[22] Vgl. zuletzt *Stober*, Fn. 17, S. 53 ff.
[23] BVerfGE 53, 257 (300 ff.).
[24] BVerfGE 74, 203 (213 ff., 217).
[25] BVerfGE 71, 1 (11 ff.) mit ablehnendem Sondervotum der Richter *Niemeyer* und *Heußner;* BVerfGE 58, 81 mit ablehnendem Sondervotum der Richter *Benda* und *Katzenstein* (S. 129 ff.), die damals schon dieses Austrittsrecht für geboten hielten (S. 135 ff.).

anderen hielt es die Verlängerung der Anwartschaftszeit für das Arbeitslosengeld von einem auf zwei beitragspflichtige Jahre in jenen Fällen für übermäßig, in denen Anwartschaften, die schon nach altem Recht entstanden waren, ohne Übergangsvorschriften die verschärften Voraussetzungen des neuen Rechts erfüllen mußten.[26]

2.4. Angemessenheit des Eigentumsschutzes für Sozialleistungsansprüche?

Keine der gravierenderen Kürzungen und Umstrukturierungen der letzten 20 Jahre sind also inhaltlich an Art. 14 GG gescheitert, soweit sie überhaupt vor das Bundesverfassungsgericht kamen: Weder die starke Abwertung der beitragslosen Ausbildungs-Ausfallzeiten in der Rentenversicherung ohne generelles Übergangsrecht[27], noch die Verdoppelung der Anwartschaftszeiten für den Arbeitslosengeldanspruch[28] oder die Absenkung eines schon per Verwaltungsakt zuerkannten Unterhaltsgeldes für eine laufende Bildungsmaßnahme nach dem AFG um bis zu 30 %.[29] Um die Gründe dafür näher zu analysieren, muß ich etwas näher auf die einzelnen Elemente dieses Schutzes eingehen. Dabei will ich meine *dritte These* begründen,

daß der Eigentumsschutz den Strukturen des Sozialversicherungsrechts nicht gerecht wird und wichtige Fragen des Vertrauensschutzes bei Sozialleistungsansprüchen weiterhin ungelöst bleiben.

2.4.1. Privatnützigkeit

Vor allem mit dem Kriterium, daß die geschützten Rechtspositionen „nach Art eines Ausschließlichkeitsrechts"[30] „*privatnützig*" sein und der „*privaten Verfügung*" der Berechtigten unterliegen müssen, wird an die klassische Eigentumsdogmatik angeknüpft. Es müssen Rechtspositionen sein, die ähnlich wie das „Sacheigentum" den Vermögensgegenstand der Privatperson fest zuordnen.

Gemessen an den üblichen Eigentumsgegenständen, so die Kritik vom liberalen Eigentumsbegriff her, ist die privatnützige Zuordnung bei Sozialleistungsansprüchen eher schwach entwickelt, denn der „Eigentümer" hat kaum originäre Eigentümerbefugnisse und kann sein Eigentum nicht aus-

---

[26] BVerfGE 72, 9 (18 ff.).
[27] BVerfGE 58, 81 ff. Die Mindermeinung brandmarkte dies als Verstoß gegen die Regeln eines „ehrbaren Kaufmanns" (ebda 133). BVerfGE 71, 1 (10 ff.), bestätigte den Ansatz in E 58, 81 ff., gab den betroffenen Pflichtversicherten jedoch das Recht, wieder aus der gesetzlichen Rentenversicherung auszutreten.
[28] BVerfGE 72, 9 (18 ff.).
[29] BVerfGE 76, 220 (234 ff.). Vgl. auch BSG SozR 4100 § 242 B Nr. 1 und 2.
[30] BVerfGE 76, 220 (235).

gestalten und nur sehr bedingt über es verfügen.³¹ Diese Gestaltungsmacht fehlt jedoch auch bei vielen Privatrechten, wie etwa bei der Mehrheit der von AGB regierten privatversicherungsrechtlichen Ansprüche, die unzweifelhaft dem Eigentumsschutz unterstehen. Daß die Beschränkung der autonomen Eigentümerbefugnis einmal gesetzlich, einmal vertraglich festgelegt ist, rührt von den unterschiedlichen Grundlagen dieser Ansprüche her, ist aber für die Vergleichbarkeit der eingeschränkten Privatnützigkeit irrelevant.

Zu kritisieren ist, daß das Kriterium privatnütziger Zuordnung die vielen Formen der Ausgestaltung von Sozialversicherungsleistungen nicht hinreichend differenziert erfaßt.

Einmal grenzt dieses Kriterium nach Ansicht des Bundesverfassungsgerichts Leistungsansprüche, die im Ermessen des Sozialleistungsträgers stehen, aus dem Schutzbereich des Art. 14 GG aus.³² Aber Ermessensleistungen können über die Selbstbindung der Verwaltung durch Richtlinien etc., die bei der Massenverwaltung von Sozialleistungen üblich sind, hinreichend speziell und fest zugeordnet sein.³³

Zum anderen sind Sozialleistungssysteme kein kollektiver „Sparstrumpf", sondern hochkomplexe Systeme der Umverteilung zwischen den Leistungsbeziehern und der aktiven Bevölkerung. Die Beitragsleistung schafft kein festes Guthaben, sondern nur die Berechtigung zur zukünftigen Teilhabe an einem öffentlichen Leistungssystem.³⁴ Die Position ist – anders als das private Eigentum – notwendig in einen übergreifenden öffentlichen „Solidarzusammenhang" und damit auch in die „Veränderungen der wirtschaftlichen Leistungsfähigkeit und der Produktivität³⁵", eingebunden. Diese Besonderheit hat das Bundesverfassungsgericht als wesentliches Unterscheidungsmerkmal gegenüber einer Privatversicherung und einer privatrechtlichen Position betont.³⁶ Daraus folgen drei Schwächen der Eigentumsposition:

(1) Sozialleistungsansprüche sind nur gesetzlich begründet, also nie privatautonom bestimmt. Sie sind auch immer zukunftsoffen, müssen notwendigerweise gesetzlich angepaßt werden. Unklar bleibt deshalb, was bei

---

[31] So die Kritik von *Stolleis*, Fn. 4, S. N 40; *Depenheuer*, Fn. 19, S. 432 und *Eschenbach*, Fn. 21, S. 268 ff.

[32] BVerfGE 63, 152 (174) Rehabilitationsleistungen in der Rentenversicherung. Ähnlich BSGE 50, 149 ff.

[33] Vgl. *Stober*, Anmerkung in SGb 1986, S. 70 ff., 70/71 allerdings nur für die Ermessensreduzierung auf Null.

[34] *Friedhelm Hase*, Eigentum als Teilhaberecht – Überlegungen zur Absicherung sozialrechtlicher Ansprüche durch Verfassungsrecht – in: Festschrift Ridder, 1989, 259 ff.; *Depenheuer*, Fn. 19, S. 428 ff.

[35] BVerfGE 64, 87 (105) unter Verweis auf BVerfGE 58, 81 (123).

[36] BVerfGE 58, 81 (123). Vgl. allg. zum Unterschied 76, 256 (300 ff., 304 ff.).

ihnen eine Rechtsposition abgeben soll, die dem Gesetzgeber feste Schranken vorgibt.

Bestimmt der Gesetzgeber wie beim Kurzarbeitergeld, daß eine Sozialleistung, die an sich alle Kriterien des Eigentumsschutzes im Interesse der Arbeitnehmer erfüllt, auch die Arbeitgeber fördern soll, so ist nach Ansicht des Bundesverfassungsgerichts[37] die Privatnützigkeit für die Versicherten schwächer ausgebildet. Deshalb habe der Gesetzgeber einen stärkeren Spielraum, die Leistung einzuschränken und auszugestalten. Wird eine Leistung häufig geändert und kündigt der Sozialversicherungsträger eine solche Änderung auch noch an, stellt es das Bundesverfassungsgericht sogar grundsätzlich in Frage, ob überhaupt ein hinreichend schützenswertes Vertrauen bestand.[38] Damit wird Schutz versagt, wenn er besonders notwendig ist.

(2) Es ist immer noch unklar, welche Elemente eines Sozialversicherungsanspruchs erfüllt sein müssen, damit eine feste Rechtsposition entsteht. Sozialversicherungsansprüche haben meist mehrere Voraussetzungen, entwickeln sich erst in der Zeit. Wer die notwendigen, oft langfristigen gesetzlichen Voraussetzungen der Mitgliedschaft und Beitragszahlung, die Anwartschaftszeiten, für Sozialleistungsansprüche (noch) nicht erfüllt, dessen sozialrechtliche Positionen werden (noch) nicht von Art. 14 GG geschützt. Sind die Anwartschaften aber erfüllt, so bejaht das Bundesverfassungsgericht manchmal den Eigentumsschutz, auch wenn (noch) nicht alle sonstigen Voraussetzungen, vor allem der Eintritt des Risikos, vorliegen[39], teilweise verneint es ihn aber[40]. Wenn der reine Zeitablauf den Anspruch zur Entstehung bringt (Erreichen der Altersgrenze, wiederkehrendes Krankengeld), dürfte in der Regel eine hinreichende Anwartschaft zu bejahen sein.[41] Bei Ansprüchen auf Leistungen der Prävention und Rehabilitation kommen sehr viele Zeitpunkte in Frage: Eintritt des Risikofalles, endgültige Feststellung des Risikofalles in einem Verfahren, Antragsstellung, Bewilligung der Leistung und schließlich Antritt der Maßnahme.[42]

(3) Das Eigentum an Sozialversicherungsansprüchen ist auch kein „marktgängiges" Eigentum, das angelegt als fester Kapitalstock – mit Risiko und Gewinn – frei spekulativ oder „produktiv" eingesetzt werden kann, um Erträge und Zinsen zu bringen und dadurch die Geldentwertung

---

[37] BVerfGE 92, 365 (405 ff.).
[38] BVerfGE 76, 220 (245).
[39] BVerfGE 69, 272 (305 ff.); 72, 9 (18 ff.) bestätigt in BVerfG vom 4. 7. 1995.
[40] BVerfGE 69, 272 (308) Schutz in der KV der Rentner; 72, 141 (153) Geschiedenenwitwenrenten vor der Scheidung.
[41] Vgl. den Fall des regelmäßig alle drei Jahre wiederkehrenden Anspruchs auf Krankengeld in BSG v. 10. 12. 1991 SGb 1992, 508 ff. m. insoweit ablehnender Anmerkung von *Wallerath*.
[42] Vgl. zu einigen Punkten BSG SozR 4100 § 242 b Nr. 2 S. 7.

ausgleichen und an der allgemeinen Wohlstandsmehrung teilhaben zu können. Ob und wie es dynamisiert, d. h. an die allgemeine Reichtumsentwicklung und Geldentwertung angepaßt werden muß, hat das Bundesverfassungsgericht[43] offengelassen, zumindest sieht es aber in der jeweiligen Anpassung eine notwendig offene Ausgestaltung des Eigentums. Wie die sozialpolitische Diskussion vor allem zur Rentenreform 1992 zeigte[44], sind die möglichen Kriterien für die Anpassung langfristiger Leistungen sehr vielfältig und vom Gesetzgeber immer wieder geändert worden.

Gegenüber dem wohl immer noch effektivsten und einfachsten Eingriff, die Nicht- oder die nicht ausreichende Anpassung von Sozialleistungen, gibt es also (bisher) keinen Schutz durch Art. 14 GG.

Hauptprobleme des Kriteriums der privatnützigen Zuordnung sind also, daß es den Schutz des Eigentums von der jeweiligen Ausgestaltung der Leistungen durch die Gesetzgebung abhängig machen muß[45] und nur soviel an Sicherheit geben kann, wie der Gesetzgeber auch gewähren will und daß die Vielfalt gesetzgeberischer Zuordnungsmöglichkeiten im Leistungsrecht nicht hinreichend differenziert im Schutzbereich des Eigentums abgebildet werden können.

2.4.2. Eigene Leistung

Grundlage des Eigentumsschutzes von Sozialleistungen soll zweitens die „eigene Leistung", d. h. im wesentlichen die eigene Beitragszahlung, sein. Das Bundesverfassungsgericht hatte dieses Kriterium schon vorher als Element zur Bestimmung des Eigentumsschutzes bei anderen Eigentumsgegenständen eingeführt.[46]

Die Kritik, die vom liberalen Eigentumsbegriff ausgeht, bemängelt, daß diese funktionalistische Bindung dem Eigentum ansonsten fremd sei.[47] Dem ist insoweit zu widersprechen, als dies Kriterium nur eine zusätzliche

---

[43] BVerfGE 64, 87 (97/8). Zustimmend *Stober,* Fn. 17, S. 53 ff., 61; *Rupert Scholz,* Identitätsprobleme der verfassungsrechtlichen Eigentumsgarantie, NVwZ 1982, S. 337 ff., 349; *Peter Badura,* Die eigentumsrechtliche Bindung des Gesetzgebers bei der Anpassung der Renten in der Sozialversicherung, SGB 1984, S. 398, 400. Schutz auch verneinend BSG SozR 4100 § 134 Nr. 29 (für Arbeitslosenhilfe).

[44] Vgl. dazu BT-Drs. 11/4214, S. 139/40 und 11/5530, S. 42 ff. sowie *Winfried Schmähl,* Elemente einer künftigen Rentenreform: Veränderungen der Anpassung und der Besteuerung von Renten – Analyse und Vorschläge –, in: Sozialbeirat, Langfristige Probleme der Altersversicherung in der Bundesrepublik Deutschland, Band 3, 1981, S. 83 ff.

[45] BVerfGE 53, 257 (293) „wie sie sich nach der jeweiligen Gesetzeslage ergeben"; 69, 272 (300/301).

[46] Zur Tradition dieses Kriteriums BVerfGE 14, 288 (293), 30, 292 (334), 58, 81 (112). Vgl. auch *Eschenbach,* Fn. 21, S. 272 ff.

[47] *Depenheuer,* Fn. 19, S. 427/8 und *Eschenbach,* Fn. 21, S. 263 ff. beide m. w. N.

Anforderung an die Zuordnung eines individuellen subjektiven öffentlichen Rechts zum Eigentumsschutz aufstellt, das sonst wegen seiner gering ausgeprägten Privatnützigkeit nicht zum Schutzbereich zu zählen wäre. Es handelt sich dann auch nicht so sehr um eine Spaltung des Eigentumsgrundrechts[48], sondern eher um eine vorsichtige Erweiterung.

Die Kritik kommt wiederum vom Sozialrecht her. Einmal grenzt das Kriterium alle Sozialleistungen aus, die ausschließlich aus allgemeinen Steuermitteln finanziert werden, wie die soziale Förderung nach dem BAföG, das Kindergeld und das Wohngeld und vor allem die Sozialhilfe. Ob auch Entschädigungsansprüche aus Aufopferung ausgegrenzt sind, ist umstritten.[49] Diese Ausgrenzung widerspricht dem Ausgangspunkt des Bundesverfassungsgerichts, Sozialleistungen gerade wegen ihrer freiheitssichernden, personalen Funktion in den Eigentumsschutz einzubeziehen.

Vor allem spricht gegen dies Kriterium, daß es die Bedeutung eigener, individueller Leistung im Sozialversicherungsrecht überbetont.

(1) Leistungen der Sozialversicherung sind zwar oft über das Äquivalenzprinzip und die Anwartschaftszeiten an Höhe und Dauer vorheriger individueller Beitragsleistungen gebunden. Jedoch ist diese Bindung nur bei den Renten der gesetzlichen Rentenversicherung stärker ausgebildet, jedoch auch dort und erst recht in allen anderen Zweigen der Sozialversicherung[50] im Unterschied zur Privatversicherung sehr gelockert. Einmal, weil der Beitrag nicht nach der individuellen Leistungsfähigkeit und nicht nach der individuellen Wahrscheinlichkeit des Risikoeintritts bemessen wird. Zum anderen, weil öffentliche Zuschüsse in der Renten- und Arbeitslosenversicherung eine wichtige Rolle spielen. Und schließlich, weil das Beitragsaufkommen intern nach sozialen Gesichtspunkten verteilt wird, d. h. jene Personen begünstigt werden, die aus bestimmten Gründen keine oder keine ausreichenden individuellen Beiträge haben zahlen können. Diese Besonderheit der Sozialversicherung, die Sicherheit vor Risiken mit dem sozialen Ausgleich eng zu verbinden, wird aber zerstört, wenn das Bundesverfassungsgericht in Anwendung des „Leistungskriteriums" betont, ein Sozialleistungsanspruch, der auch auf Elementen des sozialen Ausgleichs beruhe, genieße zwar insgesamt Eigentumsschutz[51], der Schutz sei

---

[48] *Depenheuer* ebda.

[49] Dafür BSG SozR 3100 56 Nr. 3 = SGB 1987, S. 76 ff. m. krit. Anm. von *Stober;* dagegen *Stober,* Eigentumsschutz im Sozialrecht, SGb 1989, S. 53 ff., 55/6; dafür *Johannes Denck,* Sozialstaatsprinzip und Grundrechte im Sozialrecht, MDR 1990, S. 281 ff., 283.

[50] Zur Arbeitslosenversicherung vgl. BVerfGE 72, 9 (20) und 76, 220 (236); zur Krankenversicherung BSG v. 10. 12. 1991 SGb 1992, S. 508 ff. m. insoweit zustimmender Anmerkung von *Wallerath.*

[51] BVerfGE 53, 257 (293); 58, 81 (109, 112 ff.); BSG v. 19. 4. 1996 4 RA 36/94 NZS 1996, 570 ff.

jedoch in dem Maße abzustufen, in dem der Anspruch nicht auf eigenen Beiträgen beruhe.[52]

Zudem werden Leistungen der Kranken- und Unfallversicherung wie auch der Arbeitslosenversicherung (Kurzarbeitergeld[53]) ohne und unabhängig von vorherigen, individuellen Beiträgen geleistet, muß es also i. S. dieses Kriteriums der Eigentumsdogmatik ausreichen, daß die Leistung allgemein aus Beiträgen („Globaläquivalenz")[54] und nicht aus Steuermitteln finanziert wird. Nur kann dieser abstrakte Finanzierungsmodus keine individuellen Rechte begründen. Darüber hinaus haben Bundesverfassungsgericht[55] und BSG[56] betont, daß es bei der Sozialversicherung grundsätzlich, wie auch für einzelne Zweige, keine strikte (individuelle) Äquivalenz gibt, und deshalb der Gesetzgeber große Freiheiten in der Ausgestaltung der Beziehung von Beitrag und Leistung hat.

(2) Wegen der Einbindung der Beiträge in ein öffentliches System verdeckt der Begriff der „eigenen Leistung" äußerst komplexe Zusammenhänge und gesellschaftliche und politische Wertungen. Es wird in der Rentenversicherung politisch festgelegt, welcher Anteil des Einkommens für die jeweils zu zahlenden Leistungen herangezogen wird. So gibt der 5%-Beitrag zur Rentenversicherung in der Zeit von 1927–1962 Anspruch auf eine hohe, dynamisierte Rente, die heute aus Beiträgen von über 20 % finanziert wird. Die 1981 neu zugegangenen Renten waren nur zu ca. 50–65 % durch kapitalisierte frühere Beiträge (mit-)finanziert, dagegen könnten die 2020 und später neu hinzukommende Renten zu weit mehr als 100 % finanziert sein.[57] Die notwendige politische Bewertung „eigener Leistungen" wird vor allem deutlich bei der Absicherung fehlender Beiträge während anderer Risiken (Krankheit, Arbeitslosigkeit) und der Schaffung „fiktiver" Beiträge für Zeiten der Erziehung und Pflege. Warum Erziehungsarbeit oder Pflege in der Rentenversicherung nur mit 75 % des Durchschnittsverdienstes und nur für begrenzte Zeiträume anerkannt wer-

---

[52] BVerfGE 53, 257 (292); 58, 81 (109, 112 ff.); 69, 272 (300); 76, 220 (235). Zust. *Axel Kokemoor*, Versicherungsübergreifende Äquivalenz in der Sozialversicherung, SGb 1996, S. 410, 413 ff. m. w. N.

[53] BVerfGE 92, 53 (71) – Kurzarbeitergeld. Vgl. auch schon BVerfGE 72, 9 (19/20) – Arbeitslosengeld – und BVerfGE 76, 220 (236/7) – Unterhalts- und Übergangsgeld.

[54] Vgl. BVerfGE 48, 33 (39); 76, 220 (236/7).

[55] Allgemein: BVerfGE 75, 108 (157 ff.) – Künstlersozialversicherung; ansonsten vor allem zur Arbeitslosigkeitsversicherung: BVerfGE 51, 115 (124); 53, 313 (328); 72, 9 (19/20); 76, 220 (236); 90, 226 (240); 92, 53 (71) und zur Krankenversicherung 89, 365 (378/9); 76, 256 (300 ff., 304 ff.).

[56] Vgl. oben Fn. 50.

[57] *Peter Clausing/Axel Reimann*, Zur Relation zwischen Beitrag und Rente, DAngVers 1984, S. 205 ff.; *Hartmut Günther*, Eigenfinanzierungsquote und Beitragsbelastung in der gesetzlichen Rentenversicherung aus verfassungsrechtlicher Sicht, Arbeit und Sozialpolitik 1989, S. 134 ff., 170 ff.

den, läßt sich nicht aus der „Logik" dieser Leistung, sondern nur aus einer politischen Entscheidung ableiten. Ähnliches gilt z. B. für den sog. uneigentlichen Unfallversicherungsschutz aus sozialpolitischen Gründen (§ 2 Abs. 1 Nr. 8 ff. SGB VII Blutspender, Helfer in Not etc.).

2.4.3. Existentielle Bedeutung

Das Kriterium der „existentiellen Bedeutung" hat bisher in der Rechtsprechung des Bundesverfassungsgerichts nur eine geringe Rolle gespielt. Für Lohnersatzleistungen an Arbeitnehmer ist es bisher nicht in Frage gestellt worden, vielmehr ist der Lohnersatzcharakter der Leistung Indiz für ihre Funktion der Existenzsicherung.[58] Dabei muß die Leistung nicht im jeweils individuellen Fall, sondern nur von ihrer allgemeinen, objektiven Funktion her der Existenzsicherung dienen.[59]

Es ist nicht gerechtfertigt, diesem Kriterium jegliche Relevanz abzusprechen, insbesondere nicht aus dem Grund, daß es ein „Fremdkörper" in der traditionellen Dogmatik des (liberalen) Eigentumsschutzes sei.[60] Denn es betont den personalen, freiheitsbegründenden Aspekt des Eigentums und spielt in der funktional orientierten Erweiterung des Eigentumsschutzes durch das Bundesverfassungsgericht, zuletzt in der Mieterschutzentscheidung[61], eine wesentliche Rolle. Insoweit ist es gerechtfertigt, dies Kriterium auch bei der Umschreibung der Voraussetzungen des Eigentumsschutzes mit aufzunehmen.

Ausgeschlossen werden durch dieses Kriterium Sozialleistungen, die wie Subventionen über finanzielle Anreize den Leistungsempfänger zu einem Verhalten bewegen wollen, ohne eine schwierige materielle Bedarfssituation vorauszusetzen. Dies war z. B. bei den Leistungen der produktiven Winterbauförderung, den Investitionskosten- und Mehrkostenzuschüssen, der Fall. Sie sollten die Arbeitgeber (nur) dazu bewegen, auch im Winter die Bautätigkeit aufrechtzuerhalten. Sie wurden zwar durch Umlagen von den Arbeitgebern selbst finanziert und waren auch als feste Ansprüche ausgestaltet. Sie hatten jedoch nach Ansicht des Bundesverfassungsgerichts[62]

---

[58] BVerfGE 76, 220 (237/8) – Unterhalts- und Übergangsgeld nach dem AFG.
[59] BVerfGE 72, 9 (20/21) – Arbeitslosengeld.
[60] *Stober*, Fn. 17, S. 58/9 (S. 58 Zitat); *Depenheuer*, Fn. 19, S. 433/4; *Fritz Ossenbühl*, FS Zeidler 1987, S. 625 ff., 624 f.; *Walter Leisner*, in: J. Isensee/P. Kirchhof, Handbuch des Staatsrechts VI, 1989, § 149 Rz. 39 ff. m. w. N.; abwägender *Wolfgang Rüfner*, Eigentumsschutz für sozialversicherungsrechtliche Ansprüche, Jura 1988, S. 473 ff. A. A.; *Alexander von Brünneck*, Eigentumsgarantie, 1984, insbes. S. 373 ff.; *Helmut Rittstieg*, in: AK-GG, 2. Aufl. 1989, Art. 14 Rz. 66 ff., 74. Kritisch auch *von Seggern*, Fn. 19, S. 372.
[61] BVerfGE 89, 1 (6).
[62] BVerfG vom 13. 6. 1990 – 2 BvR 721, 722/90 – SozR 3 – 4100 § 238 Nr 1; BSG vom 5. 12. 1989 – 11 RAr 25/89 – SozR 4100 § 238 Nr. 2. Allg. BVerfGE 69, 272 (304).

keine existentielle Bedeutung für die Arbeitgeber. Eine existenzsichernde Funktion wurde auch dem Sterbegeld in der Krankenversicherung abgesprochen.[63]

2.4.4. Gesetzgeberische Gestaltungsbefugnis und Schrankensetzung

Für den Schutz von Sozialleistungsansprüchen durch Art. 14 GG gelten die allgemeinen Schranken für gesetzgeberische Eingriffe in den Grundrechtsbereich. Die Eingriffe müssen durch Gründe des Gemeinwohls legitimiert und verhältnismäßig sein. Als Eingriffsgründe hat das Bundesverfassungsgericht sehr großzügig Ziele anerkannt, die sich z. T. widersprechen, was dann zwangsläufig zu einem weiten gesetzgeberischen Spielraum führt. Diese Ziele sind:

– Die *Sicherung der finanziellen Leistungsfähigkeit* der öffentlichen Haushalte[64], speziell der Sozialversicherungsträger[65], wobei dem Gesetzgeber bei der Einschätzung der finanziellen Schwierigkeiten und des Spareffekts insgesamt wie bei der einzelnen Maßnahme ein weiter Prognosespielraum zusteht[66], nach der Kürzungsaktion also sehr schnell ein Überschuß eintreten darf.[67] Angesichts generell knapper öffentlicher Finanzmittel trifft dieser Vorbehalt sehr oft zu, ist er so gut wie „schrankenlos".[68]

– Die *Stärkung des Äquivalenzprinzips*[69] und die *Konzentration der Leistungen auf langjährige Beitragszahler*[70], haben als allgemeine Prinzipien des Versicherungsrechts starke interne Legitimationskraft, auch um Ungleichbehandlungen zwischen den Versicherten zu rechtfertigen (s. unten 5.).

---

[63] Kammerentscheidung des BVerfG v. 22. 12. 1992 1 BvR 1582/91 SozR 3-2500 § 59 Nr. 3; BSG v. 25. 6. 1991 SozR3-2500 § 59 Nr.1.
[64] Zu diesem Kriterium vgl. *Bettina Elles*, Die Grundrechtsbindung des Haushaltsgesetzgebers, 1996, S. 56 ff.
[65] Allgemein: BVerfGE 76, 220 (238 ff.); 75, 78 (100); 70, 101 (112); 64, 87 (97); 58, 81 (110). Speziell für die finanziellen Engpässe der Vereinigung: BVerfGE 84, 90 (125); 84, 133 (152).
[66] BVerfGE 76, 220 (238 ff.).
[67] Im Falle BVerfGE 76, 220 (238 ff.) gab es nach den Kürzungen 1984 gar einen Überschuß in den Finanzen der BA, dazu *Gerhard Bosch*, Arbeitsmarktpolitik ohne Arbeitslose: Zur Entwicklung der Überschüsse bei der Bundesanstalt für Arbeit, WSI-Mitteilungen 1984, S. 567 ff. Vgl. auch BSG SozR 4100 § 242 b Nr. 2 S. 8/9.
[68] So zu Recht die Kritik von *Stober*, Fn. 17, S. 53 ff., 60/61 und die grundsätzliche Auseinandersetzung mit diesem Topos und der Grundrechtsbindung bei Haushaltsbegleit- und Strukturgesetzen *Elles*, Fn. 64, S. 56 ff.
[69] BVerfGE 69, 272; 70, 101 (113); 72, 84. Vgl. neuerdings auch BSG v. 26. 6. 1996 NZS 1996, 620 ff. (Vorversicherungszeiten in der Krankenversicherung der Rentner).
[70] BVerfGE 75, 78 (103). Vgl. neuerdings auch BSG v. 18. 4. 1996 NZS 1996, 570 ff. (Gesamtleistungsbewertung in der GRV).

– Dem widerspricht das Ziel, die Beitragsmittel *intern zugunsten schwacher Gruppen umzuverteilen,* wie etwa zugunsten der Kindererziehenden.[71] Dies ist die Umverteilungs- und Ausgleichsfunktion der Sozialversicherung.

– Die *Umbruchs- und Neuordnungssituation* in den neuen Ländern, die eine rasche Neuordnung mit Einschnitten bis hin zum Arbeitsplatzverlust und großzügigen Typisierungen und Pauschalierungen erfordere[72] – ein Legitimationsgrund, der leicht auf das Sozialrecht und jede schwere Krise übertragen werden kann.

Bei der Abwägung der Grundrechtsposition mit diesen Gründen unterscheidet das Bundesverfassungsgericht in Entsprechung zu seinem sozialen und funktionalistischen Verständnis des Eigentums traditionell danach, ob das Eigentum enger der Person und der persönlichen Freiheit eines Individuums zugeordnet werden kann oder ob es gesellschaftlich begründet und gebunden ist.[73]

Es ist bezeichnend, daß diese wohl wichtigste Typisierung und Schranke der gesetzgeberischen Gestaltungsbefugnis nicht auf Leistungen der Sozialversicherung paßt. Denn das Bundesverfassungsgericht hatte gleich in der ersten Entscheidung von 1980 zu Recht betont, Sozialleistungen hätten beides, individuell-personale Bedeutung und starken sozialen Bezug.[74] Das hat auch damit zu tun, daß erst die gesetzliche Ausgestaltung den Eigentumsgegenstand „Sozialleistungsanspruch" schafft. Auch Privatrechte müssen gesetzlich ausgestaltet werden, aber hier gibt es ein „vorgesetzliches" soziales und/oder marktwirtschaftliches Substrat, an dem es in der Sozialversicherung fehlt. Auch die starke Betonung des anderen Aspekts, das Eigentum an Sozialleistungsansprüchen sei sozial gebunden, verdeckt die eigentliche Bedeutung der Sozialbindung. Sie trifft Gegenstände in privater Verfügung, auf die die anderen Bürger zur Entfaltung ihrer Freiheit und die Gemeinschaft zur Erfüllung ihrer Aufgaben angewiesen sind.[75] Von der je individuellen Sozialleistung läßt sich das nicht behaupten. Deshalb verdünnt das Bundesverfassungsgericht die Sozialbindung auch zum völlig konturenlosen „sozialen Bezug". Was mit diesem Kriterium gemeint ist, ist etwas ganz anderes. Die Metapher dient dazu, den weiten, notwendigen Spielraum des Gesetzgebers zu betonen, der das, was er gegeben hat, in der Regel auch wieder soll nehmen können.

---

[71] BVerfGE 87, 1 (41).

[72] BVerfGE 84, 133 (152); 85, 360 (375).

[73] Allg. BVerfGE 50, 290 (336 ff., 341, 348) – Mitbestimmugsurteil; BVerfGE 24, 367 (400) – Hamburger Deichbauurteil und ausführlich *Martin Thormann,* Abstufungen in der Sozialbindung des Eigentums, 1996, insbes. S. 149 ff. und *Eschenbach,* Fn. 21, S. 433 ff.

[74] BVerfGE 53, 257 (292); 58, 81 (112).

[75] Vgl. auch *von Seggern,* Fn. 19, S. 371.

Auch verwundert nicht, daß das Kernstück des Grundrechtsschutzes, die Prüfung der Verhältnismäßigkeit der gesetzgeberischen Regelung, weitgehend leerläuft.[76] Die Eignung der Kürzung zur Erreichung finanzpolitischer Einsparungen liegt immer auf der Hand. Besonders folgenreich ist es, daß das Bundesverfassungsgericht[77] bei der Erforderlichkeit nur evident weniger eingreifende Mittel berücksichtigen will und nicht prüft, ob andere Maßnahmen in anderen Systemen das Sparziel auch und schonender erreichen könnten.[78] Und bei dem Übermaßverbot sind die einzelnen Ansprüche in der Abwägung mit den weitreichenden und dringenden Allgemeininteressen fast automatisch unterlegen. Gerade hieran zeigt sich: über einen individuellen Fall und über eine individualistische, grundrechtliche Position kann nicht angemessen juristisch erfaßt werden, daß Sozialleistungssysteme den Einzelnen in einen kollektiven Zusammenhang der Finanzierung, sozialen Sicherung und Verhaltenssteuerung einbinden und daß deshalb bei Neuregelungen auch verschiedene kollektive und soziale Zwecke gegeneinander stehen.

Dazu ein Beispiel: Die im Bundestag einstimmig verabschiedete Rentenreform 1972[79] gab bei angeblich langfristig vollen Rentenkassen den Selbständigen und Hausfrauen die Gelegenheit zum Beitritt zur RV unter Bedingungen, die leichtsinnig (auch nach damaligen Maßstäben) großzügig und von den langfristig versicherten Zwangsmitgliedern zu finanzieren waren.[80] Rechtfertigen ließ sich dies mit dem gesetzgeberischen Ziel, die Rentenversicherung zur „Volksversicherung" auszubauen und bisher nicht gesicherte Kreise auch einzubeziehen. Als das Bundesverfassungsgericht dann 1981 und 1985 den Widerruf einiger Vergünstigungen durch die Rentenanpassungsgesetze 1977/78 an Art. 14 GG maß, spielten diese sozialpolitischen Zwecke des Gesetzgebers gar keine Rolle mehr.[81] Die Erkenntnis, diese großzügige Erweiterung habe die Rentenversicherung und ihre traditionellen Beitragszahler überfordert, führte zur Kehrtwendung in den sozialpolitischen Zielen, zur Stärkung der Äquivalenz von Beitrag und Leistung und zur Begrenzung der Umverteilung von den langjährigen Pflichtmitgliedern hin zu den neuen freiwilligen Mitgliedern. Das Bundesverfassungsgericht akzeptierte diesen Umschwung vollkommen und damit auch ein ganz anderes Bezugssystem für die Prüfung der Verhältnismäßigkeit.

---

[76] Zur Kritik vor allem: *Tzong-li Hsu*, Verfassungsrechtliche Schranken der Leistungsgesetzgebung im Sozialstaat, Diss. Göttingen 1986, S. 136 ff., 162 ff.
[77] BVerfGE 75, 78 (100); 76, 220 (241).
[78] BVerfGE 72, 9 (23); 75, 78 (100); 76, 220 (240 f.).
[79] Zu ihr *Hermann*, Fn. 2, S. 119 ff.; *ders.* DRV 1988, S. 1 ff.
[80] Vgl. *Schewe* DRV 1972, 281 und Festschrift Schellenberg 1977, 183 ff.
[81] BVerfGE 58, 81 mit ablehnendem Sondervotum der Richter *Benda* und *Katzenstein* und BVerfGE 71, 1 mit ablehnendem Sondervotum der Richter *Niemeyer* und *Heußner*.

2.4.5. Der „Kern" des Eigentumsschutzes

Gibt die Konzeption des Eigentumsschutzes von Sozialversicherungsleistungen eine nicht entziehbare Mindestposition? Das Bundesverfassungsgericht hat sich hierzu nur einmal dahin geäußert, daß die Nichtanpassung der Renten, ihre Funktion als „Element der Sicherung der Freiheit des einzelnen"[82] nicht so „ernsthaft berühren" darf, daß daraus verfassungsrechtliche Bedenken entstünden – ein Maßstab, der zwar einen *Kernbereich* des Eigentumsschutzes andeutet, ihn aber aus dem Grundrecht selbst nicht weiter konkretisiert, um Regelungen an ihm zu messen.

Eine Fallkonstellation dürfte unter den Schutz eines Kernbereichs fallen: Der völlige Entzug von schon „erdienten" Anwartschaften. Er lag auch dem schon oben (2.3.) erwähnten Fall der Erhöhung der Anwartschaften für das Arbeitslosengeld zugrunde. Das Bundesverfassungsgericht[83] hatte hier ein Übergangsrecht verlangt. Das führt dazu, daß nur für neue, noch nicht vollendete Anwartschaften das neue Recht sofort gelten kann. Wer schon die Anwartschaft erfüllt und bei wem das Risiko schon eingetreten ist oder im Übergangszeitraum eintreten wird, behält seinen Anspruch. Dies wird auch in einem neuen Fall zu entscheiden sein, den das BSG dem Bundesverfassungsgericht vorgelegt hat. Einem chronisch Arbeitsunfähigen wurde das Krankengeld nicht wieder bewilligt, weil gem. § 48 Abs. 2 SGB V von 1988 der Anspruch nur wieder auflebt, wenn der Versicherte zwischenzeitlich für sechs Monate arbeitsfähig war.[84] Sieht man die Rechtsposition des Versicherten als hinreichend gesichert an, obwohl er innerhalb der 3-Jahreszeiträume immer nur für 1½ Jahre Krankengeld beziehen konnte[85], so geht es um die Frage des Totalentzugs ohne Kompensation und ohne gleitenden Übergang.

Wo jenseits des Totalentzugs ohne Kompensation und Übergangsrecht die Grenze zwischen verfassungswidriger Eigentumsentziehung und Inhalts- und Schrankenbestimmung liegt, ist noch völlig offen. Im Sinne der Konzeption des Eigentumsschutzes und der Kriterien der Privatnützigkeit und Existenzsicherung dürfte einmal der Gesichtspunkt eine Rolle spielen, ob es sich um eine „primäre Regel- und Pflichtleistung" handelte oder nicht.[86] Aber hier können auch objektive Schutzpflichten gegenüber sozial Schwachen und der Gleichheitssatz eine wesentliche Rolle spielen, um die Schutzbedürftigkeit der Rechtsposition zu unterstreichen

---

[82] BVerfGE 64, 87 (102). Die Anführungsstriche hat das Bundesverfassungsgericht selbst gesetzt.
[83] BVerfGE 72, 9 (18 ff.).
[84] BSG v. 10. 12. 1991 SGb 1992, 508 ff. m. Anm. von *Wallerath* S. 513 ff. Vgl. auch Vorlagebeschluß des BSG v. 27. 2. 1986 SGb 1986, 242/3.
[85] So das BSG ebda.; a. A. *Wallerath* ebda.
[86] BVerfGE 76, 220 (242/3); darauf stellt es auch das BSG a. a. O. S. 513 ab.

und dem Regelungsspielraum des Gesetzgebers inhaltliche Grenzen zu setzen (s. unten 3.–5.).

2.5. Verfassungs- und sozialrechtliche sowie sozialpolitische Bedenken gegen die Anwendung des Art. 14 GG im Sozialrecht

Eine grundsätzliche Kritik kommt von einem liberalen[87] bzw. weiten[88] Eigentumsverständnis. Beide wenden sich gegen die zusätzlichen Elemente „eigene Leistung" und „Existenzsicherung", da sie mit dem klassisch-liberalen Eigentumsverständnis des Grundgesetzes nicht vereinbar seien und den Schutz vermögenswerter Rechte durch zusätzliche, restriktive Kriterien aushöhlen würden; die geringen Anforderungen an die privatnützige Zuordnung sowie die weitgehende Einschränkbarkeit würden den „liberalen" Kern des Eigentumsgrundrechts aushöhlen und den Eigentumsbegriff spalten.

Diese Kritik überzeugt nicht. Einmal ist sie zu wenig auf die konkreten Entscheidungssituationen und den Ertrag der Rechtsprechung des Bundesverfassungsgerichts orientiert, gibt keine Anhaltspunkte, in welchen typischen Konfliktsituation mit welchen Ergebnissen denn ein weitergehender Schutz zu gewähren wäre, als ihn das Bundesverfassungsgericht gewährte. Zum anderen geht sie von einem Verständnis des Eigentumsgrundrechts aus, das das Bundesverfassungsgericht mit guten Gründen aus dem Normtext und der Entstehungsgeschichte zu einem personalen und sozialen, stark funktional orientierten Eigentumsbegriff weiter entwickelt hat. Mit Einführung der Elemente „eigene Leistung"[89] und „Existenzsicherung"[90] hat das Bundesverfassungsgericht nur traditionelle Linien seiner Eigentumsrechtsprechung fortgeführt. Auch trägt die Rechtsprechung zum Eigentumsschutz von Sozialleistungsansprüchen deutlich den Charakter einer „Bereichsdogmatik", die nur behutsam methodisch erweiterbar ist oder auf die allgemeine Dogmatik des Art. 14 GG übertragen werden kann. Gegen die jüngsten Protagonisten eines weiten „Eigentumsbegriffs", die die Kriterien „eigene Leistung" und „Existenzsicherung" für unerheblich halten[91], spricht, daß man dann die unter diesen Punkten eingeordneten Ab-

---

[87] *Leisner*, Fn. 60, § 149 Rdnr. 123; *Meinhard Heinze*, Möglichkeiten der Fortentwicklung des Rechts der sozialen Sicherheit zwischen Anpassungszwang und Bestandsschutz, Gutachten E zum 55. Deutschen Juristentag, S. E. 47 ff., 66; *Stober*, Fn. 17, S. 53 ff., 60; *Depenheuer*, Fn. 19.
[88] *Eschenbach*, Fn. 21; *von Ditfurth*, Fn. 19.
[89] Zur Tradition dieses Kriteriums BVerfGE 14, 288 (293), 30, 292 (334), 58, 81 (112). Vgl. auch *Eschenbach*, Fn. 21, S. 272 ff.
[90] Zur Tradition dieses Kriteriums BVerfGE 1, 264 (277 f.), 16, 94 (113 f.), sowie neuerdings 89, 1 (6). Vgl. auch *Eschenbach*, Fn. 21, S. 293 ff., 530 ff.
[91] So *Eschenbach*, Fn. 21, S. 272 ff. und 293 ff. und *v. Ditfurth*, Fn. 19, S. 77 ff.

wägungen bei der Gestaltungsbefugnis und Schrankenziehung des Gesetzgebers vornehmen muß, die Sachprobleme und Konfliktlagen so dogmatisch nicht beseitigen kann.[92]

Ich will nicht die von anderen entwickelte Kritik aufgreifen, daß die Eigentumsdogmatik hier etwas verspricht, was sie nicht halten kann und was sie in einen aussichtslosen Konflikt mit dem Demokratieprinzip bringen muß.[93] Vielmehr geht meine Kritik mit der *dritten These* dahin, daß diese Rechtsprechung die Besonderheiten und Sachstruktur des Sozialrechts und seiner Änderungen nicht hinreichend differenziert aufgreift, ja negiert und gar zu zerstören droht.

(1) Immanent ist einmal zu kritisieren, daß das Bundesverfassungsgericht *keine differenziertere „Schutzbereichs- und Schrankendogmatik"* entwickelt hat, wie es sie in so vielen anderen Bereichen gibt. Dies könnte etwa im Sinne einer Abstufung der Gestaltungs- und Eingriffsbefugnisse nach Art des Anspruchs und dem Maß des Vertrauensschutzes (insbesondere der Anspruchsdauer), dem Stadium seiner Zuordnung (Anwartschaft oder Eintritt des Risikos), dem Maß des Vertrauens und nach der Art des Regelungsgrundes (funktionale Äquivalente, interne Umverteilung) geschehen. Fast alle diese Aspekte werden in unterschiedlichen Urteilen mit unterschiedlichem Gewicht erwähnt, aber sie bleiben ohne Zusammenhang. Da der Eigentumsschutz nur eine Spezialform des Vertrauensschutzes ist, greift das Bundesverfassungsgericht auch oft im Rahmen von Art. 14 GG genuine Argumente des Vertrauensschutzes, wie Wissen um anstehende Änderungen, offene Rechtslage etc. auf.[94] Nur bleibt es auch hier einem jeweils individuellen „Verrechnen" von Positionen verhaftet, typisiert nicht und macht das systematische Gewicht dieser Aspekte nicht deutlich.

(2) Auch werden die *besonderen Problemlagen der Kürzungen nicht adäquat erfaßt*, denn gegen die beiden wichtigsten Änderungsformen, Nichtanpassung der Leistungen und Ausgrenzung von Nichtbeitragszahlern / Absenkung der Umverteilung, gibt es keinen Schutz.

(3) Ein wesentliches Elemente der Sozialversicherung gegenüber der Privatversicherung besteht darin, daß der Staat nicht nur ein Risiko finanziell abdeckt, was auch die Privatversicherung könnte, sondern die *öffentliche Verantwortung für einen Lebensbereich* übernimmt und die Sozialversicherung zu seiner Gestaltung einsetzt. Durchgängig kommt dies im Präventionsauftrag zum Ausdruck, dem Grundprinzip, daß „Rehabilitation" vor Rente geht. Und nun sind alle Rehabilitationsleistungen, um die notwendige Flexibilität zu gewährleisten, Ermessensleistungen, die nicht

---

[92] So auch ausdrücklich *v. Ditfurth*, Fn. 19, S. 185 ff., 191 ff.
[93] So immer noch klarsichtig *Stolleis*, Fn. 4. Vgl. auch *Hans Schneider*, Der verfassungsrechtliche Schutz von Renten der Sozialversicherung, 1980.
[94] BVerfGE 64, 87 (104 ff.); 76, 220.

unter Art. 14 GG fallen und – das zeigt gerade auch die letzte Kürzungsrunde zur Renten- und Arbeitslosenversicherung – sehr anfällig für fiskalpolitisch begründete Kürzungen sind.

Eine weitere Besonderheit dieses *Präventions- und Gestaltungsauftrags der Sozialversicherung* ist es, daß der konkrete Leistungsfall zwar auf dem (drohenden) Eintritt des Risikos beruht, aber von beiden Seiten oft langfristig als Bildungs- oder Fördermaßnahme geplant wird, zu deren Erfolg die Mitarbeit des Versicherten notwendig ist. Die Dogmatik des Eigentumsschutzes erfaßt nur die Kooperationsbeziehung langfristiger Zahlung von Pflichtbeiträgen, den Austausch von Geld. Die ganz anderen Kooperationsbeziehungen der Rehabilitation und Prävention entgehen ihr. So ist es symptomatisch, daß das Bundesverfassungsgericht diese Dimension überhaupt nicht angesprochen hatte, als es für verfassungsrechtlich unbedenklich hielt, ein schon durch Verwaltungsakt zuerkanntes Unterhaltsgeld für eine laufende Maßnahme der beruflichen Bildung ab Inkrafttreten des Gesetzes um 30 % zu kürzen.[95] Erklären läßt sich dies auch damit, daß die Dogmatik des Sozialrechts wie wohl die des gesamten öffentlichen Rechts noch immer zu stark auf die Strukturen des Hoheitsrechts von Mitwirkungspflichten etc. orientiert ist, um solche Kooperationsbeziehungen angemessen zu erfassen.[96] Immerhin will das BSG[97] bei Teilnehmern, „die einen ‚festen' Arbeitsplatz aufgegeben oder sonstige Investitionen getroffen haben, um sich weiter zu qualifizieren", die Elemente des Vertrauensschutzes zwar stärker berücksichtigen, stellt aber auch sie unter den Vorbehalt des noch „zumutbaren" Eingriffs.

Nicht umsonst befassen sich die beiden einzigen Fälle von „Minderheitsvoten" bei Urteilen zu unserem Thema mit dem Problem des „Dispositionsschutzes" von Selbständigen, deren Renditeerwartungen bei der großzügig ausgestalteten Öffnung der Rentenversicherung 1972[98] in der ersten Kürzungsrunde ab 1976 herb enttäuscht wurden.[99] Es ist zugleich auch nicht ohne Pikanterie, daß dies ein für das Sozialrecht untypischer, für das Recht der Vermögensanlage eher typischer Fall war und hier das Bild

---

[95] BVerfGE 76, 220. Ob Besserung zu erhoffen ist, weil gerade dieser Punkt durch eine Richterin am Bundessozialgericht prägnant kritisiert wurde, die nunmehr Richterin am Bundesverfassungsgericht ist (*Renate Jaeger,* Sozialrecht im Spannungsfeld zwischen Besitzstand und Konsolidierungszwang – Übergangsrecht im Arbeitsförderungsrecht, SGb 1994, S. 111 ff., 116 ff.)? Vgl. auch BSG, Fn. 97.
[96] Vgl. kritische Ansätze bei *Rainer Pitschas,* Verrechtlichung von Sozialleistungen im wohlfahrtsdistanzierten Sozialstaat, in: SDSRV Bd. 41, Leistungsrealisierung und Leistungsstörungen im Sozialrecht, 1996, S. 7 ff.
[97] BSG v. 28. 6. 1995 NZS 1996, S. 182 ff., 189.
[98] Zu ihr *Hermann,* Fn. 2, S. 119 ff.; *ders.* DRV 1988, S. 1 ff. Vgl. die unterschiedliche Bewertung bei *Schewe* DRV 1972, S. 281 und Festschrift Schellenberg 1977, S. 183 ff.
[99] BVerfGE 58, 81 und 71, 1.

bemüht wurde, der Staat möge sich doch wie ein „ehrbarer Kaufmann" verhalten.[100]

(4) Vom Gegenstand her wird nur das geschützt, was auf eigene Beiträge zurückgeführt werden kann, nicht aber das, was eine weitere Besonderheit der Sozialversicherung ausmacht, die interne *soziale Umverteilung zum Zwecke einer sozialen Risikovorsorge* auch ohne Beitragszahlung (s. oben 2.4.2.). So kommt es nicht von ungefähr, daß eine Meinung in der Literatur[101] den Eigentumsschutz von Sozialleistungen darauf reduziert, daß er zwar kein fixes Niveau der Leistungen, wohl aber auf der Basis der Dauer und der Höhe vorheriger Beiträge die relative Rangstelle des Beitragszahlers gegenüber den anderen Beitragszahlern sichern soll. Damit aber hat sich die Funktion der Eigentumsgarantie darauf reduziert, die in der unterschiedlichen Höhe der Beiträge sich manifestierende primäre Einkommensverteilung auf dem Arbeitsmarkt zu gewährleisten. Der Eigentumsschutz tritt in Gegensatz zur sekundären Verteilung durch Staat und Sozialversicherung. Mit dem Kriterium der „eigenen Leistung" verstärkt sich die Gefahr[102], daß Sozialversicherung nicht intern ausgleicht und umverteilt, sondern als Sondersystem die Position der „Leistungsfähigen" stärkt und die „Nichtleistungsfähigen" (Behinderte, Jugendliche, Hausfrauen, Dauerarbeitslose etc.) ausgrenzt.[103]

Das führt zu dem paradoxen Ergebnis, daß die Garantie der Sozialversicherungsleistungen durch Art. 14 GG selbst ein Schritt zur Veränderung des angeblich garantierten Gegenstandes ist, der Vernachlässigung des Sozialen, der Spezifik der Sozialversicherung, und der Reduzierung auf „reine", d. h. eher private Versicherung.

---

[100] BVerfGE 58, 81 (133).

[101] *Franz Ruland*, Die Entscheidung des Bundesverfassungsgerichts vom 16. 7. 1985 zum Eigentumsschutz von Anrechten aus der gesetzlichen Rentenversicherung, Deutsche Rentenversicherung 1986, S. 13 ff., 18; *Stolleis*, Fn. 4, S. N 41/42; *Heinze*, Fn. 87, S. E. 69; *Wolfgang Rüfner*, JZ 1984, S. 801 ff., 803 ff.; *Rische/Terwey*, Deutsche Rentenversicherung 1983, S. 273 ff., S. 285 f.; *Josef Isensee*, Festschrift für J. Broermann, S. 379 ff.; *Kokemoor*, Fn. 52, S. 414/5.

[102] Vgl. von ganz unterschiedlichen Ansätzen her einerseits *Gerhard Kleinhenz*, Die Ausrichtung der Sozialpolitik auf das Arbeits- und Wirtschaftsleben als Problem der Sozialreform, ZfS 1971, S. 321 ff. m. w. N. und andrerseits *Stephan Leibfried/Florian Tennstedt*, Die Spaltung des Sozialstaats und die Politik der Armut, in dies. (Hrsg.), Politik der Armut und Die Spaltung des Sozialstaats, 1985, S. 13–40, sowie ebda., Armenpolitik und Arbeiterpolitik. Zur Entwicklung und Krise der traditionellen Sozialpolitik der Verteilungsformen, S. 64–93. Neuerdings *Richard Hauser*, Reformperspektiven des Systems der sozialen Sicherung bei veränderten Rahmenbedingungn, in: Diether Döring/Richard Hauser (Hrsg.), Fn. 4, S. 51 ff. und *H. Lampert*, Lehrbuch der Sozialpolitik, 3. Aufl. 1994, S. 293 („schichten-" oder „klassen-"bezogen).

[103] So auch die Kritik von Stolleis, Fn. 4, S. N 9 ff., 49/50.

(5) Auch den unterschiedlichen Positionen bei anderen Sozialleistungen wird die Eigentumsdogmatik nicht hinreichend gerecht. Das Kriterium „eigene Leistung" grenzt alle existenznotwendigen, steuerfinanzierten Leistungen der sozialen Förderung aus. Dies auch dann, wenn die Leistung durch bestandskräftigen Verwaltungsakt festgestellt ist, also eine hinreichend privatnützige Vermögensposition besteht, die über die Regelungen des Vertrauensschutzes einfachgesetzlich im Verwaltungsverfahrensrecht auch gegenüber Veränderungen in der Zukunft geschützt ist.[104]

3. Allgemeine verfassungsrechtliche Vorgaben für die Ausgestaltung des Sozialleistungssystems

Im zweiten Teil sollen nun die allgemeinen verfassungsrechtlichen Vorgaben erörtert werden, die auch den Kürzungen und dem Umbau von Sozialleistungen Schranken setzen. Meine *vierte These* geht wie die erste These dahin,

daß auch hier kein konkreter Bestandsschutz gewährt wird, sondern eher formal und prozedural ein flexibler Mindestschutz, die Solidarität innerhalb des Systems und der Schutz besonderer Personengruppen.

Und meine *fünfte These* ist,

daß dies im wesentlichen nur über den Grundsatz der Gleichbehandlung in einzelne, konkrete verfassungsrechtliche Schranken umgesetzt wird.

Wesentliche Bedeutung haben auch hier Gesichtspunkte, die schon den gesetzgeberischen Spielraum bei der Ausgestaltung und Schrankenziehung des Eigentums begründeten und die in zentrale verfassungsrechtliche Einwände gegen die verfassungsrechtliche Garantie sozialer Rechte als konkreter, verbindlicher gesetzgeberischer Handlungsaufträge mündet:[105]
– mangels präziser verfassungsrechtlicher Angabe von Prioritäten, Rangfolgen sowie Mitteln,
– angesichts des Rechts des Gesetzgebers, Sicherungssysteme durch funktionale Äquivalente zu ersetzen und
– angesichts der weiterhin notwendigen komplexen und unvertretbaren Wertung über Schutzbedarfe und Schutznotwendigkeiten bei ständig veränderten sozialen und ökonomischen Problemlagen,
muß der Gesetzgeber einen weiten Spielraum haben, Sozialleistungssysteme zu schaffen, aus- und umzugestalten. Einen grundrechtlichen

---

[104] Für ihre Einbeziehung auch die strikt am Vermögensschutz orientierte Eigentumsdogmatik von *Eschenbach*, Fn. 21, S. 608.
[105] Vgl. neuerdings *Volker Neumann*, Sozialstaatsprinzip und Grundrechtsdogmatik, DVBl. 1997, S. 92 ff., 96 ff.; *Karl-Jürgen Bieback*, Sozialstaatsprinzip und Grundrechte, EuGRZ 1985, S. 657 ff.

„Normbestandsschutz"[106] oder Schutz „rechtlicher Arrangements"[107] kann es nur sehr beschränkt geben. Selbst da, wo das Bundesverfassungsgericht neuerdings eine starke soziale Verpflichtung des Gesetzgebers anerkannt und wohl die umfangreichsten Änderungen verlangte, beim Familienlastenausgleich im Steuer- und Rentenversicherungsrecht, hat es betont:[108]

„Ebensowenig folgt aus Art. 6 Abs. 1 GG, daß der Staat die Familie ohne Rücksicht auf sonstige öffentliche Belange zu fördern hätte. Die staatliche Familienförderung durch finanzielle Leistungen steht unter dem Vorbehalt des Möglichen im Sinne dessen, was der einzelne vernünftigerweise von der Gesellschaft beanspruchen kann. Der Gesetzgeber hat im Interesse des Gemeinwohls neben der Familienförderung auch andere Gemeinschaftsbelange bei seiner Haushaltswirtschaft zu berücksichtigen und dabei vor allem auf die Funktionsfähigkeit und das Gleichgewicht des Ganzen zu achten. Nur unter Beachtung dieser Grundsätze läßt sich ermitteln, ob die Familienförderung durch den Staat offensichtlich unangemessen ist und dem Förderungsgebot des Art. 6 Abs. 1 GG nicht mehr genügt."

Es gibt also zwei Vorbehalte:[109]
– den Vorbehalt des Möglichen, d. h. vor allem des Finanzierbaren,
– den Vorbehalt politischer Gestaltung als Setzung neuer und Ausgleich konkurrierender Ziele.

3.1. Grundrechtliche Schutz- und Förderpflichten

Erste allgemeine verfassungsrechtliche Vorgaben sind die grundrechtlichen Schutz- und Förderpflichten. Heute ist die sozialstaatliche Grundrechtsinterpretation allgemein anerkannt, wonach die Grundrechte neben ihrer negativen Abwehrfunktion gegen staatliche Eingriffe auch die positive Funktion haben, grundrechtliche Freiheiten zu realisieren, zu effektivieren und zu schützen.[110] Bei der Begründung dieser leistungsrechtlichen Seite der Grundrechte spielen das Sozialstaatsprinzip und der Gleichheitssatz eine wesentliche Rolle.[111] Dabei werden in der Regel drei konkretere Formen unterschieden:[112] Allgemeine Schutzpflichten gegenüber Grundrechtsgefährdungen durch Private, Recht auf Organisation und Verfahren

---

[106] Intensiv begründet ist dieser Ansatz vor allem bei Gertrude *Lübbe-Wolff*, Die Grundrechte als Eingriffsabwehrrechte. Struktur und Reichweite der Eingriffsdogmatik im Bereich staatlicher Leistungen, 1988, S. 75–203.
[107] *Ulrich Mückenberger*, Produktionsverflechtung und Risikoverantwortung, Verfassungsfragen zur Neufassung von § 116 AFG, 1992. Dazu *Karl-Jürgen Bieback*, Die verfassungsrechtliche Kontroverse um § 116 AFG, Kritische Justiz 1993, S. 489–500.
[108] BVerfGE 87, 1 (35/36).
[109] Vgl. *Neumann*, Fn. 105, S. 94.
[110] *Ernst-Wolfgang Böckenförde*, Grundrechtstheorie und Grundrechtsinterpretation, NJW 1974, S. 1529, 1535 ff.; *Alexy*, Fn. 11, S. 395 ff.
[111] Vgl. ausführlich *Alexy* ebda., S. 377 ff.
[112] *Alexy* ebda., S. 405 ff.

und allgemeine staatliche Schutz- und Leistungspflichten. Es sind die letzteren, die bei Sozialleistungen relevant sind.

(1) Eine direkte Schutzpflicht statuieren *Art. 6 Abs. 1 und Abs. 4 GG.* Die neueren Urteile des Bundesverfassungsgerichts zum Familienlastenausgleich im Steuer- und Kindergeldrecht sowie in der Rentenversicherung[113] haben die Pflicht zum Schutz der Familie aus Art. 6 Abs. 1 i. V. mit dem Sozialstaatsprinzip besonders betont und mit ihr das Gebot, einen funktionsfähigen Familienlastenausgleich zu gewährleisten.

Schon seit einigen Jahren hatte das Bundesverfassungsgericht[114] aus *Art. 3 Abs. 2 GG* eine besondere Schutz- und Förderpflicht des Staates gegenüber Frauen abgeleitet, die auch auf die Angleichung der Lebensverhältnisse zielt und deshalb die ungleiche gesellschaftliche Auswirkung von Rechtsnormen auf die Geschlechter berücksichtigen muß. Sie ist 1994 noch ausdrücklich in Art. 3 Abs. 2 GG n. F. sanktioniert worden. Es ist möglich, daß auch der neue Art. 3 Abs. 3 Satz 2 GG, das besondere Verbot der Diskriminierung von Behinderten, denselben Weg der ausdehnenden Interpretation nehmen wird.

(2) Der Bestandsschutz von Sozialversicherungsleistungen über Art. 14 gewährleistet nur das durch eigene Leistung Erworbene. Geht man dagegen von *Art. 12 GG*[115] aus, so steht im Mittelpunkt die allen abhängig Beschäftigten zustehende („egalitäre") berufliche Entfaltungsfreiheit und die existentielle Angewiesenheit der Beschäftigten auf Arbeit und Arbeitsentgelt. Im Anschluß an die Rechtsprechung des Bundesverfassungsgerichts zu den verfassungsrechtlich gebotenen Schutzpflichten im Vertragsrecht[116] kann man dann auch aus Art. 12 GG eine Schutzpflicht des Staates in jenen Fällen begründen, wo durch sozialrechtliche Leistungen die berufliche Freiheit, die Sicherung des Arbeitsvermögens und der Arbeitsfähigkeit, gewährleistet werden soll.

(3) Die *direkten Konsequenzen dieser besonderen Schutzpflichten* für das Sozialleistungsrecht gehen nicht über die „Appellentscheidung" zur hinreichenden Berücksichtigung der Kindererziehung im Rentenrecht[117] hinaus. Würde man jeden Eingriff in die bestehenden Schutzsysteme als Eingriff in die Schutzpflichten und damit auch in die Grundrechte selbst ansehen, so entstände ein Generalvorbehalt für das gegenwärtige Sozialrecht, der wieder unter einen völlig offenen, weiten Gestaltungsauftrag für

---

[113] BVerfGE 82, 60 und 87, 1.
[114] Vgl. BVerfGE 89, 276 (285); 85, 191 (207).
[115] Dazu gründlich *Mückenberger*, Fn. 107 zum Schutz von Arbeitslosen- und Kurzarbeitergeld.
[116] BVerfGE 81, 242 (254) vertragliches Wettbewerbsverbot für Handelsvertreter; 89, 214 (232).
[117] BVerfGE 87, 1.

den Gesetzgeber gestellt werden muß, um Konflikte mit dem Demokratieprinzip und anderen Schutzaufträgen zu vermeiden.

Mittelbare Folgen haben diese Schutzpflichten deshalb in ganz anderen dogmatischen Zusammenhängen, wie die Entscheidungen zeigen, in denen das Bundesverfassungsgericht mit Art. 3 Abs. 2 GG das für Frauen günstigere Rentenbezugsalter von früher 60 Jahren[118] und mit Art. 6 Abs. 1 GG die „milde" Umverteilung von Ressourcen der Rentenversicherung zugunsten von Familienarbeit[119] für legitim hielt:

1) Es werden *Differenzierungen innerhalb des sozialen Schutzes* und
2) *Begünstigungen zu Lasten der anderen Versicherten* gerechtfertigt.

3) In den Urteilen zur Schutzpflicht gegenüber der Familie aus Art. 6 Abs. 1 GG im Steuer- und Rentenversicherungsrecht hat das Bundesverfassungsgericht[120] eine Selbstverständlichkeit noch einmal betont. Benachteiligt ein sozialstaatliches Leistungssystem die Familie, so können diese Nachteile nicht mit dem Verweis auf (andere) Ursachen der Benachteiligungen in Staat und Gesellschaft relativiert werden, sondern sind im staatlichen System selbst zu beseitigen.[121] Der Staat trägt eine *eigenständige Verantwortung für die soziale Gestaltung seiner Leistungssysteme* und kann sich nicht mit dem Verweis auf die ausgrenzenden und diskriminierenden Mechanismen von Ökonomie und Gesellschaft, also auch nicht mit einem Verweis auf das Leistungs- und Äquivalenzprinzip, rechtfertigen.

Diese Punkte strukturieren letztlich nur bei der Prüfung des Art. 3 GG die Bildung der Vergleichsgruppen und die Argumente zur Rechtfertigung von Regelungen.

4) Weitergehend kann man aus den grundrechtlichen Schutzpflichten in Entsprechung zum grundrechtlichen Abwehrrecht, eine *Argumentations- und Rechtfertigungslast* des Gesetzgebers folgern[122], will er altes Schutzrecht ändern.

5) Und schließlich erstreckt sich der grundrechtliche *Gesetzesvorbehalt* auch auf die Konkretisierung der Schutzpflicht.

Alle Punkte sind eher formaler Natur, so ja auch die erste und vierte These. Die Abschaffung besonderer Begünstigungen, wie das frühere Rentenbezugsalter von Frauen durch die Rentenreform 1989 und 1996, vermögen sie nicht zu verhindern.

---

[118] BVerfG 74, 163, (180/81).
[119] BVerfGE 87, 1 (41).
[120] BVerfGE 82, 60 ff.; 87, 1 ff.
[121] BVerfG 87, 1 (39).
[122] Zu ihr den vorsichtigen Ansatz bei *Bernhard Schlink*, Freiheit durch Eingriffsabwehr – Rekonstruktion der klassischen Grundrechtsfunktion, EuGRZ 1984, S. 457 ff.; *Stober*, Fn. 17, S. 61; *Götz Haverkate*, Anmerkung in SGb 1986, S. 333.

3.2. Allg. sozialstaatliche Schutzpflicht gegenüber sozial Schwachen

Weitgehend die gleichen Konsequenzen hat die allgemeine sozialstaatliche Schutzpflicht zugunsten besonderer Personengruppen, die das Bundesverfassungsgericht in zahlreichen Entscheidungen entwickelt hat für
- Kriegsopfer und politisch Verfolgte der NS-Zeit[123],
- Behinderte[124],
- allgemein erheblich sozial Belastete[125],
- das werdende Leben[126] und
- mittellose Mündel.[127]

Hieraus werden weder konkrete, individuelle positive Leistungsansprüche abgeleitet, noch ein festes Minimum an sozialen Schutz. Dennoch bleiben diese besonderen Schutzpflichten nicht ganz ohne Relevanz. Sie dienen vor allem dazu, innerhalb der großen Gruppe der schutzbedürftigen Bürger für jene einen besonderen sozialen Schutz zu fordern, die im Verhältnis zur Mehrheit der Bürger ökonomisch und sozial schwächer sind. Dies wird in den beiden Urteilen des Bundesverfassungsgerichts[128] zu den Warteschleifen und Kündigungsmöglichkeiten im öffentlichen Dienst der neuen Länder deutlich. Hier hat das Gericht zwar die weite Regelungsbefugnis des Gesetzgebers anerkannt, ihr aber über das Verhältnismäßigkeitsprinzip sozialstaatliche Schranken zum Schutz besonderer Arbeitnehmergruppen, den Älteren, Behinderten und Schwangeren, gesetzt.

3.3. Schutz des Existenzminimums

Grundrechtlich sehr allgemein ist die Ableitung eines Schutzes des Existenzminimums. Das Bundesverfassungsgericht[129] hat sich in einigen Entscheidungen ausdrücklich zurückgehalten, eine Pflicht des Staates zum Schutze vor materieller Not aus Art. 1 Abs. 1 GG abzuleiten. In anderen Entscheidungen hat es dies zwar bejaht[130], dann aber keinen konkreten

---

[123] BVerfGE 27, 253 (270, 283 ff.); 41, 126 (150); 53, 164; 84, 90.
[124] BVerfG 40, 121.
[125] BVerfGE 27, 283; 35, 236.
[126] BVerfGE 75, 348; E 45, 376 betraf den Mutterschutz.
[127] BVerfGE 56, 139.
[128] BVerfGE 84, 133 (152); 85, 360 (375)
[129] BVerfGE 1, 97 (104); ebenso noch 78, 350 (360).
[130] BVerfGE 48, 346 (361); BVerfGE 45, 187 (228); BVerfGE 40, 121 (133) 43, 19 ff.; 82, 60 (80, 85) z. T. i. V. m. Art. 2 und dem Sozialstaatsprinzip; BVerwGE 1, 159 bis zu BVerwG 18. 7. 1994 ZfSH/SGB 1994, 528/9 mit daraus abgeleiteter restriktiver Interpretation des Ausschlusses der Hochschulausbildung aus § 26 BSHG. Bejaht in der Literatur z. B. von *Rüdiger Breuer*, Grundrecht als Anspruchsnormen, Festschrift Bundesverwaltungsgericht, 1978, S. 89 ff., 95 ff.; *Dieter Lorenz*, Recht auf Leben und körperliche Unversehrtheit, in: Isensee/Kirchhof (Hrsg.), Handbuch des Staatsrechts VI, 1989, § 128,

Inhalt, geschweige denn gar einen konkreten individuellen Anspruch entwickelt. Symptomatisch ist, daß das Bundesverfassungsgericht in seinen Entscheidungen zum Schutz des Existenzminimums im Einkommensteuerrecht von 1990[131] und im Kindergeldrecht von 1994[132] betonte, daß daraus kein Gebot folge, „soziale Leistungen in einem bestimmten Umfang zu gewähren. Zwingend ist lediglich, daß der Staat die Mindestvoraussetzungen für ein menschenwürdiges Dasein seiner Bürger schafft". Und zur Konkretisierung verweist es nicht etwa auf einen dem Staat vorgegebenen, substantiellen Mindestgehalt, sondern auf die politische Entscheidung über das sozialstaatliche Existenzminimum in den Regelsätzen des Bundessozialhilfegesetzes.

Die Bestimmung dessen, was die notwendige allgemeine, materielle Basis für die Würde des Menschen ist und ob und in welchem Maße der Staat zu ihrer Gewährleistung verpflichtet ist, läßt sich nicht eindeutig treffen und muß gerade um des Zieles Willen variabel und situativ bleiben.[133] So hat der Gesetzgeber die Regelsätze, denen das Bundesverfassungsgericht ja Maßstabscharakter beimaß, mehrfach nicht an die gestiegenen Lebenshaltungskosten und Einkommen angepaßt und mit dem Abstandsgebot nicht ausschließlich an den existenzsichernden Bedarf, sondern auch an das regionale Lohnniveau gebunden. Bei der allgemeinen Definition der Armut konkurrieren ein absoluter Maßstab („Warenkorb") mit einem relativen Maßstab („50 % des Durchschnittseinkommens")[134]; das Gesetz schreibt neben der eher „absolut" zu verstehenden Bedarfsangemessenheit mit dem „Abstandsgebot" (§ 22 Abs. 4 BSHG) traditionell einen relativen Maßstab vor.[135] Ganz entsprechend streitet sich die verwaltungsgerichtliche Praxis

---

Rdnr. 52. Allgemein zu diesen Fragen: *Hans Zacher,* Das soziale Staatsziel, in: Isensee/Kirchhof (Hrsg.), Handbuch des Staatsrechts I, 1987, S. 1045, 1062 f.; *Bieback,* Fn. 105, S. 657, 663. Sehr ausführlicher nunmehr *Volker Neumann,* Menschenwürde und Existenzminimum, NVwZ 1995, S. 426 ff.

[131] BVerfGE 82, 60 (80, 85, 94); 87, 153 (170 f.); 91, 93 (108 ff., 111).

[132] BVerfGE 94, 93 (108 ff., 111).

[133] Ausführlicher und noch kritischer *Volker Neumann,* Fn. 130.

[134] Vgl. *David Piachaud,* Wie mißt man Armut? in: Stephan Leibfried/Wolfgang Voges, Armut im modernen Wohlfahrtsstaat, 1992, S. 63 ff.; *Jo Roll,* Understanding Poverty: A Guide to Concepts and Measures, London 1993 und die Beiträge in *Diether Döring/Walter Hanesch/Ernst-Ulrich Huster,* Armut im Wohlstand, 1990. Zur neueren Diskussion in Deutschland: *Michael Mehlich,* Regelsatz und Statistik. Das Statistikmodell – ein System zur Objektivierung der Bedarfsfestsetzung in der Sozialhilfe? ZfSozialreform 1992, S. 77 ff.; *Walter Hanesch/Günther Stahlmann/Hans-Ulrich Weth,* Sozialhilferegelsätze am Scheideweg: Zur geplanten Neuvermessung der Existenzminimums, info also 1985, 3 ff.

[135] Zu ihm aktuell *Gerd Wenzel,* Zur Festsetzung der Regelsätze nach der Reform des Sozialhilferechts, NDV 1996, 301–310 und grundsätzlich *Wilhelm Breuer/Dietrich Engels,* Bericht und Gutachten zum Lohnabstandsgebot, Schriftenreihe des Bundesministeriums für Familie und Senioren, 1994.

bei der Konkretisierung des Existenzminimums bei den einmaligen Leistungen der Sozialhilfe, ob als Maßstab das dienen soll, was die große Mehrheit an Ausstattung hat oder nicht.[136] Zu Recht hat die verwaltungsgerichtliche Rechtsprechung die Überprüfung der Regelsätze deshalb auch auf die Grenzen einer sehr weit gezogenen Vertretbarkeit begrenzt.[137] Umstritten ist zudem, ob auch hier noch der grundrechtliche Gesetzesvorbehalt gilt.[138]

3.4. Fazit

Fazit dieser Rechtsprechung ist es, daß selbst in Fällen der Bewältigung großer Krisen und Umbrüche der Gesetzgeber scharfe Einschnitte und neue Lösungen nach sozialen Kriterien differenzieren, besonders schutzbedürftige Personen auch besonders schützen muß. Insoweit entsteht auch ein individuelles subjektives Recht auf Berücksichtigung der besonderen Schutzbedürftigkeit aus Art. 3 Abs. 1 GG i. V. mit der Schutzpflicht des Staates. Dieser individuelle Schutzanspruch ist nur *relativ*, fordert nur besondere Berücksichtigung im Verhältnis zu den anderen, weniger Schutzbedürftigen. Und er ist kein subjektives Leistungsrecht, sondern ein *negatives, sozialstaatliches Abwehrrecht*.[139]

Eine weitere Konsequenz ist bisher vom Bundesverfassungsgericht nur teilweise gezogen worden. Die grundrechtlichen und sozialstaatlichen Schutzpflichten liegen quer zu den einzelnen Leistungssystemen. So weit sie in einem Bereich typischerweise konkretisiert werden, ist der immanente Zwang groß, diese Standards über die Garantie der Schutzpflicht in Verbindung mit Art. 3 GG und dem Sozialstaatsprinzip auch auf andere Bereiche zu übertragen, wie die Rechtsprechung zur Garantie des Existenzminimums im Steuer- und Kindergeldrecht und die einheitliche Bestimmung des Existenzminimums anhand des Maßstabs Sozialhilferegelsatz.[140] Auch wenn diese Entwicklung hin zu einer *systemübergreifenden Rationalität des Sozialstaats* von Art. 3 GG her geboten er-

---

[136] Vgl. ablehnend BVerwGE 80, 349; a.A. VGH Kassel NJW 1993, 550.
[137] BVerwG NDV 1994, 155; VGH Mannheim NDV 1990, 253; OVG Lüneburg NDV 1990, 116; OVG Bremen, info also 1989, 240 und NDV 1991, 264; OVG Hamburg FEVS 86 (1986), 265. Dazu kritisch *Günther Stahlmann*, Regelsatzschlamassel, ZfF 1990, S. 124 ff. und *Karl-Jürgen Bieback/Günther Stahlmann*, Existenzminimum und Grundgesetz, in: Sozialer Fortschritt, 1987, S. 1–15.
[138] *Karl-Jürgen Bieback/Günther Stahlmann* ebda.
[139] Zu Elementen der Dogmatik negativer Abwehrrechte in Art. 3 GG vgl. neuerdings *Stefan Huster*, Rechte und Ziele, Zur Dogmatik des allgemeinen Gleichheitssatzes, Duncker und Humblot, Berlin 1993; ders., Gleichheit und Verhältnismäßigkeit, JZ 1994, S. 541 ff.
[140] S. oben Fn. 131 und 132.

scheint[141], werden Verhältnismäßigkeit und Gleichheitssatz weitgehend noch auf das jeweilige System beschränkt und an seine sektorale Logik gebunden.

Schließlich dient die Ableitung sozialstaatlicher Schutzgebote auch dazu, *den Handlungsspielraum des Gesetzgebers* abzusichern. So hatten die Hinweise des Bundesverfassungsgerichts auf die sozialstaatliche Verpflichtung zum Schutze bestimmter Gruppen zum Teil die Funktion, die durch die Leistungssysteme erfolgenden erheblichen Grundrechtseinschränkungen (Versicherungspflicht, Preisbindungen, staatliche Monopole) zu legitimieren.[142] Nur ausnahmsweise diente die Betonung der Schutzpflicht dazu, bestehende Leistungssysteme vorsichtig zu erweitern und im Interesse der zu schützenden Personen auszubauen und zu effektivieren.[143]

4. Verfassungsrechtlicher Schutz der objektiven Grundprinzipien sozialrechtlicher Systeme und Institutionen?

Hatten die grundrechtlichen Schutzpflichten nur wenige und sehr allgemeine Konsequenzen, so ist der normative Gehalt objektiver Verbürgungen des Verfassungsrechts noch geringer.

Aus den Grundrechten i. V. mit dem Sozialstaatsprinzip hat das Bundesverfassungsgericht die Aufgabe und Pflicht des Staates abgeleitet, für die wichtigsten Gefährdungsbereiche der abhängigen Arbeit wie aller Bürger Sicherungssysteme zu gewährleisten. So hat es entschieden, daß der Krankenversicherungsschutz verfassungsrechtlich abgesichert sei und seine erhebliche Verschlechterung gegen das Sozialstaatsprinzip verstieße[144], daß das Sozialstaatsprinzip durch die Arbeitslosenversicherung ausgestaltet würde und ein angemessener Ersatz des Lohnausfalls bei Arbeitslosigkeit ebenfalls sozialstaatlich geboten sei[145], wie schließlich auch die Unfallversicherung[146], die Rentenversicherung[147] und auch ein soziales Steuerrecht[148] Konkretisierungen des Sozialstaatsprinzips seien.

---

[141] Ausführlicher dazu *Karl-Jürgen Bieback*, Gleichbehandlungsgrundsatz und Sozialrecht, SGb 1989, S. 46–53. Für das Steuerrecht *Axel Schmidt-Liebig*, Das verfassungsrechtlich geschützte, das sozialrechtlich gewährte und das einkommensteuerlich zu beachtende Existenzminimum, BB 1992, S. 107–116.

[142] BVerfG 21, 245 ff. (Arbeitsvermittlungsmonopol); 27, 252 ff. (Schadensausgleich nach reduziertem Geldwert 1:10); 10, 354; 29, 221 und 44, 70 (Versicherungspflicht).

[143] BVerfGE 45, 376 (Einbeziehung des werdenden Lebens in die Unfallversicherung); BVerfGE 56, 139 (Unbemittelte vor Gericht).

[144] BVerfGE 40, 65 ff. (56).

[145] BVerfGE 51, 115 ff. (125).

[146] BVerfGE 45, 376 ff. (387).

[147] BVerfGE 10, 354 ff.; BVerfGE 18, 257 ff.; BVerfGE 44, 70 ff.

[148] BVerfGE 13, 347; BVerfGE 27, 131 ff.; BVerfGE 29, 412 ff. bis hin zu 82, 60 ff. und BVerfGE 82, 60 (81); 87, 1 (35 ff.).

Aber das Bundesverfassungsgericht beschränkt sich auf solche allgemeinen Feststellungen.

Zwei konkretere, objektiv-rechtliche und institutionell-systematische Aspekte sind jedoch zu diskutieren.

(1) Die Aussage des Bundesverfassungsgerichts[149], die Unfallversicherung gewähre einen sozialstaatlich gebotenen Schutz, der nicht durch das allgemeine System des Schutzes sozial Schwacher, die Sozialhilfe, ersetzt werden könne, zeigt, daß der sozialstaatliche Institutionenschutz für den Gesetzgeber eine gewisse Bindungswirkung hat, nämlich eine *Mindestsicherungsfunktion der Sozialversicherungssysteme.* Sie läßt sich einmal als Kernbereich der Eigentumsgarantie von Sozialleistungsansprüchen verstehen, insbesondere wenn die Kürzungen die „Funktionsfähigkeit" und Eigenständigkeit des Sozialversicherungssystems gewährleisten sollen (dazu oben 2.4.4.).[150] Sie folgt aber auch aus Art. 3 Abs. 1 GG. Denn es wäre eine nicht zu rechtfertigende Ungleichbehandlung, erhielte derjenige, der gezwungen wurde, langjährig in ein Schutzsystem einzuzahlen, nur eine Leistung, die sich nicht von der Leistung unterscheidet, die auch ohne solche Beitragszahlung im allgemeinen Sozialhilfesystem gewährt wird.[151] Daraus folgt, daß der „Durchschnittsbeitragszahler" eine Leistung erhalten muß, die zumindest das Existenzminimum sichert – wie auch immer dieser jeweils vom Gesetzgeber konkretisiert wird. Die Leistung muß also einmal inhaltlich mindestens das Niveau der Sozialhilfe und anderer Basissysteme erreichen. Zum anderen muß sie sich – wenn schon nicht in der Höhe[152], so doch in der Form hinreichend von der Sozialhilfe unterscheiden. Sie muß also zumindest unabhängig von einer Prüfung der Bedürftigkeit sein.

(2) Gerade das neue Urteil des Bundesverfassungsgerichts[153], es sei verfassungswidrig, einmalig gezahltes Arbeitsentgelt zwar beitragspflichtig zu machen, auf seiner Basis aber weder in der Arbeitslosen- noch in der Krankenversicherung Lohnersatzleistungen zu gewähren, hat in der Literatur dazu geführt, den *Konnex von Beitrag und Leistung* als besonders geschützt anzusehen.[154] Dabei hatte sich das Bundesverfassungsgericht aber bewußt jeder Äußerung darüber enthalten, ob dieser Konnex, gar das Äquivalenzprinzip, verfassungsrechtlich gewährleistet sei. Vielmehr ist seine Argumentation streng auf den Gleichheitssatz beschränkt. *Wenn* die Lohnersatzleistungen nach dem Äquivalenzprinzip an die vorherige Beitragsleistung gekoppelt sind, *dann* ist es nicht gerechtfertigt, ohne sachlichen

---

[149] BVerfGE 45, 376 (387).
[150] *Tzong-li Hsu,* Fn. 76, S. 156.
[151] *Ruland,* Fn. 101, S. 20 m. w. N.; *Bieback,* Fn. 4, S. 705 ff., 716/17.
[152] Dafür *Stober,* Fn. 17, S. 61 m. w. N.
[153] BVerfGE 92, 53 (71 ff.).
[154] Vgl. neuerdings *Kokemoor,* Fn. 52.

Grund bestimmte Lohnbestandteile bei der Leistungsberechnung auszunehmen. Die Entscheidung verwendet das Äquivalenzprinzip also nicht als absoluten, sondern als relativen Bezugspunkt der Prüfung des Gleichheitssatzes. Nur so lassen sich auch Widersprüche zu den Urteilen des Gerichts vermeiden, wonach das Äquivalenzprinzip gerade in der Kranken- und Arbeitslosenversicherung nur schwach entwickelt sei[155] und wonach die oben genannten Schutzpflichten rechtfertigen[156], aus den Beitragszahlungen auch Leistungen an Personen zu finanzieren, die dafür keine Beiträge gezahlt haben.

Für die Sozialversicherung wird traditionell unter dem Stichwort *„Fremdlasten"* oder *„Lastengleichheit und Lastengerechtigkeit"* eine weitgehende Bindung des Gesetzgebers an die Grundstrukturen der Sozialversicherung vertreten.[157] Erstes Argument ist, daß die allgemeinen öffentlichen Aufgaben über die Steuer von allen Staatsbürgern zu finanzieren seien. Zweites Argument ist, daß die Belastung eines Teils der Staatsbürger mit den Beiträgen zur Sozialversicherung nur gerechtfertigt sei, wenn damit allein Aufgaben und Leistungen finanziert werden, die eng mit den Risiken der Beitragszahler und den Aufgaben einer Versicherung zusammenhängen. Die Finanzierung allgemeiner Staatsaufgaben oder von Leistungen, die auch Nichtmitgliedern zugute kommen sei nicht Aufgabe der Sozialversicherung, sei „versicherungsfremd".

Zwar stellt diese Ansicht Gebote einer klaren, berechenbaren und soliden Sozialpolitik auf. Aber nicht jede „gute Politik" ist auch verfassungsrechtlich geboten. Konfrontiert mit den großen sozialpolitischen Problemen der Nachkriegszeit wie auch mit den Notwendigkeiten, die Sozialversicherung zu erweitern und fortzubilden, hat das Bundesverfassungsgericht zu Recht eine weite Kompetenz des Gesetzgebers zur Gestaltung des Typus „Sozialversicherung" bejaht. So bei der Finanzierung der Kriegsfolge-

---

[155] Oben Fn. 55.
[156] BVerfGE 87, 1 (41) und oben 2.4.4. bei Fn. 71.
[157] *Peter Krause,* Fremdlasten der Sozialversicherung, VSSR 1980, S. 115 ff.; *Josef Isensee,* Umverteilung durch Sozialversicherungsbeiträge, 1973; *Franz Ruland,* in: Karl-Jürgen Bieback, Die Sozialversicherung und ihre Finanzierung, 1986, S. 141 ff.; *ders.,* Der Sozialversicherungbeitrag zwischen Versicherungsprinzip und sozialem Ausgleich, SGb 1987, S. 133 ff.; *ders.,* Versicherungsfremde Leistungen in der gesetzlichen Rentenversicherung, DRV 1995, S. 28 ff.; *Binne,* DRV 1993, S. 175 ff.; *Ferdinand Kirchhof,* Die Verteilung der Finanzverantwortung für die Rentenversicherung zwischen Solidargemeinschaft und Staat, DRV 1993, S. 437 ff.; *Wolfgang Heine,* Wer finanziert die Frauenförderung im Sozialversicherungsrecht?, SF 1990, S. 6 ff., alle m. w. N. A. A. *Michael Kloepfer,* Sozialversicherungsbeiträge und Gruppensolidarität, VSSR 1974, S. 156–169; *Behrend Behrends/Johann Brunkhorst,* Fremdlasten und Beitragssatzunterschied in der gesetzlichen Krankenversicherung aus finanzverfassungsrechtlicher Sicht, SGb 1987, S. 226 ff.; *Bieback,* Fn. 141, S. 51 ff.; *ders.,* Gleichbehandlung der Geschlechter und Frauenförderung im Sozialversicherungsrecht, in: SF 1989, S. 221 ff., 225 ff.

lasten[158], der Schaffung neuer Familienleistungen durch die Kindergeldkassen der Unfallversicherung[159] oder einer neuen Sozialversicherung für die untypische Gruppe der Künstler[160] und erst jüngst für die weitgehende Heranziehung der Rentenversicherung zum Familienlastenausgleich[161].

Das Grundgesetz hat in der Sozialversicherung eine eigenständige Form der Verteilung und Finanzierung öffentlicher Aufgaben vorgefunden und ihr eine eigenständige Grundlage in Art. 74 Nr. 12 GG gegeben.[162] Die Aufgabenbereiche von Steuer und Sozialversicherungsbeitrag können sich also decken, insbesondere, wenn die Sozialversicherung (fast) alle Bürger absichert. Es gibt keinen vorgegebenen Systemzwang, der Aufgaben nur dem einen oder anderen Finanzierungsinstrument zuweist.

Zudem sollte schon die Wortwahl „versicherungsfremd" stutzig machen. Es muß doch nicht um das gehen, was einer Versicherung fremd ist, sondern um das, was der *Sozial*versicherung fremd ist. Die Sozialversicherung unterscheidet sich, wie gesagt, von der Privatversicherung gerade durch den „sozialen Ausgleich" und die soziale Gestaltung des Risikobereichs, so durch den Einsatz präventiver Mittel oder die Umverteilung von den wirtschaftlich stärkeren zu den wirtschaftlich schwächeren Regionen, was nach Ansicht einiger Autoren[163] „versicherungsfremd" sei.

5. Die ambivalente Funktion des Gleichbehandlungsgebots

Die meisten Urteile des Bundesverfassungsgerichts zur Überprüfung von Sozialrecht gründen sich essentiell auf Art. 3 Abs. 1 GG.[164] Und auch die Argumente im zweiten Teil dieses Beitrages rekurrierten oft auf Art. 3 Abs. 1 GG. Sozialstaat und Gleichbehandlungsgebot bedingen einander.[165] Deshalb verwundert es nicht, wenn das Bundesverfassungsgericht betonte: „Der Gleichheitssatz muß sich nicht nur bei der Vergabe von Überfluß,

---

[158] BVerfGE 12, 151 (166); 14, 221 (243); 15, 126 (150); 24, 203 (215); 26, 104 (118); 43, 213 (226) sowie vom 18. 12. 1985, SozR 5050 § 22 Nr. 18.
[159] BVerfGE 11, 105 (113).
[160] BVerfGE 75, 108 (146 ff.).
[161] BVerfGE 87, 1 ff.; vgl auch schon BVerfGE 11, 105 (113) zum Familienlastenausgleich über die UV.
[162] BVerfG ebda. und E 75, 108 (146), 157/8 m. w. N.
[163] *Peter Stein*, Analyse des Träger- und Finanzierungssystems der Arbeitsmarktpolitik, 1995, S. 214 ff. zur versicherungsfremden Finanzierung der vereinigungbedingten arbeitsmarktpolitischen Lasten. Allg. zu umfangreichen Katalogen versicherungsfremder Leistungen in der politischen Diskussion: Handelsblatt 7. 5. 1996, S. 3 und v. 26. 2. 1997, S. 2; FAZ 12. 2. 1996; FR v. 28. 1. 1997 S. 4.
[164] Vgl. *Dieter C. Umbach/Thomas Clemens*, Sozialrecht und Verfassungsrecht, VSSR 1992, S. 265 ff.; 277; *Michael Sachs*, Die Auswirkungen des allgemeinen Gleichheitssatzes auf das Sozialrecht in der Rechtsprechung des Bundesverfassungsgerichts, VSSR 1994, S. 33 ff.; *Denck*, Fn. 49; *Neumann*, Fn. 105; *Bieback*, Fn. 140.
[165] Dazu ausführlich: *Neumann*, Fn. 105.

sondern gerade bei der Verwaltung von Mangel bewähren."[166] Dabei ist nach neueren Urteilen des Bundesverfassungsgerichts[167] ein „strengerer Prüfungsmaßstab" dann anzulegen, wenn der Gesetzgeber in grundrechtlich geschützte Freiheiten eingreift, also den Schutz von Sozialleistungen nach Art. 14 oder 12 GG, oder wenn sich die Ungleichbehandlung direkt auf Personen und ihre grundrechtlich geschützte Freiheit nachteilig auswirken kann, also bei fast allen anderen Ungleichbehandlungen in bedarfsbezogenen Leistungssystemen. Aber dieser Schutz hat im Sozialrecht äußerst ambivalente Züge.

5.1. Art. 3 Abs. 1 GG und (gerechtfertigte) Diskriminierungen

Das oben (3.1. und 3.2.) entwickelte sozialstaatliche Gebot, besondere Gruppen zu schützen, führt zwar nicht zu konkreten Leistungsansprüchen, zwingt aber i. V. mit Art. 3 Abs. 1 GG zu Differenzierungen gerade bei Kürzungen und einem Umbau der Systeme. Aber dies verhütet nur relativ *klare und eindeutige Ausgrenzungen*. So haben das Bundesverfassungsgericht[168] und das BSG[169] die Versuche des Gesetzgebers vereitelt, Studenten, die Beiträge zur Arbeitslosenversicherung geleistet hatten, allein wegen ihres Status als Studenten aus der Arbeitslosenversicherung auszuschließen. Wesentliche Schranken vermag auch das Verbot der mittelbaren Diskriminierung von Frauen im Sozialrecht zu setzen.[170]

Argumente der Gleichbehandlung sind meist auf spezielle Systeme oder gar nur Leistungen beschränkt. Sie können deshalb nicht verhindern, daß ganze Sozialleistungstypen wie das Schüler-BAföG oder die originäre Arbeitslosenhilfe weitgehend abgeschafft werden. Auch lassen sie Argumente mit anderen Prinzipien zu. So wurde die Verschärfung der Beitragszeiten für die Erwerbs- und Berufsunfähigkeitsrenten[171], die schon nach Aussage der Gesetzesmaterialien[172] vor allem Frauen traf, vom Bundesverfassungsgericht in Anlehnung an den Gesetzgeber mit Hinweis auf das Versicherungsprinzip gerechtfertigt. Mit dem gleichen Argument wurde die

---

[166] BVerfGE 60, 16 (43); ähnlich 61, 42 (63); 64, 158 (169); 82, 60 (89).
[167] BVerfGE 88, 87 (96 f.); 89, 15 (22 f.); 90, 46 (56); 91, 346 (362 f.).
[168] BVerfGE 74, 9 ff.
[169] BSGE 46, 89 ff.
[170] Zur mangelhaften Berücksichtigung mittelbarer Benachteiligungen von Frauen im Sozialrecht vgl. *Christine Fuchsloch*, Das Verbot der mittelbaren Geschlechtsdiskriminierung, 1995; *Renate Jaeger*, Probleme der Gleichbehandlung im Sozialrecht – Zur Situation nach EG-Recht und bundesdeutschem Recht, NZA 1990, S. 1 ff.; *Karl Jürgen Bieback*, Anforderungen des Antidiskriminierungsrechts der EG an das deutsche Sozialrecht, ZfS 1993, S. 106 ff.
[171] BVerfGE 75, 78.
[172] BT-Drs. 10/335 S. 59, bestätigt durch die Zahlen im Rentenanpassungsbericht 1988 BT-Drs. 11/3735, S. 53 und *Kaltenbach*, DAngvers 1988, S. 289.

Stärkung der Position langjähriger Mitglieder der Sozialversicherung legitimiert.[173] Eine Besserstellung abhängig beschäftigter Mütter gegenüber nichtbeschäftigten Müttern hat das Bundesverfassungsgericht ebenfalls aus der stärkeren Position der auf dem Arbeitsmarkt gegen Entgelt Arbeitenden gerechtfertigt[174], obwohl die Schutzpflicht in Art. 6 Abs. 4 GG unabhängig von der Stellung im Erwerbssystem besteht.

5.2. Gleichbehandlung im System gemäß Art. 3 Abs. 1 GG

Die letzten Fälle lassen sich auch als eine „*Gleichbehandlung im System*" verstehen. Allerdings hat der Gesichtspunkt der *Systemgerechtigkeit* als Schutz bei Kürzungen nur begrenzte Wirkungen. Zwar würde erst eine Bindung des Gesetzgebers an die Gestaltungstradition und die eigene Gestaltungsentscheidung Rechtssicherheit und Vertrauensschutz im sozialen Rechtsstaat garantieren. Aber eine Bindung des Gesetzgebers an die von ihm selbst geschaffene oder übernommene „Sachgesetzlichkeit" der Sozialleistungssysteme würde das einfach-gesetzliche Sozialrecht in den Rang von Verfassungsrecht heben und würde die Gestaltungsfreiheit des Gesetzgebers stark einschränken. Deshalb ist das Bundesverfassungsgericht hier sehr zurückhaltend und betont, „die Systemwidrigkeit für sich allein (führt) noch nicht zu einem Verstoß gegen Art. 3 Abs. 1 GG. Eine Verletzung der vom Gesetz selbst statuierten Sachgesetzlichkeit kann aber einen solchen Verstoß indizieren".[175]

Die „Indizfunktion" des Systems spielt also nur bei der genaueren Analyse des Art. 3 Abs. 1 GG, vor allem bei der Bildung der Vergleichsgruppen[176] und Legitimierung der Regelung eine Rolle. Gemessen an den Prinzipien des Leistungssystems entscheidet sich, ob gleiche Sachverhalte ungleich oder gleich behandelt werden. Diese Argumentation lag den beiden letzten großen und kostenträchtigen Entscheidungen des Bundesverfassungsgericht zugrunde. Anhand des Äquivalenzprinzips von Beitrag und Leistung hielt es für ungerechtfertigt, daß bestimmte Teile des Lohns zwar beitragspflichtig sind, Lohnersatzansprüche aber nicht zu begründen ver-

---

[173] BVerfGE 75, 78 (102 ff., 106) Pflichtmitglieder gegenüber freiwilligen, nicht langjährigen Mitgliedern.

[174] Hinsichtlich der Begünstigung erwerbstätiger Mütter gegenüber anderen Müttern durch das Mutterschaftsgeld etc.: BVerfGE 64, 229 (238 ff.); 65, 104 (122 ff.); Dreierausschuß vom 14. 11. 1984 SozR 7830 § 13 Nr. 6; 2. Kammer des 1. Senats v. 3. 4. 1987 SozR 7830 § 13 Nr. 11.

[175] BVerfGE 66, 214 (223/4); ebenso BVerfGE 75, 382 (395/6); 76, 130 (140). Dazu: *Paul Kirchhof*, Der allgemeine Gleichheitssatz, in: Josef Isensee/Paul Kirchhof (Hrsg.), Handbuch des Staatsrechts Bd. V 1992, § 124, S. 837 ff., S. 941 ff. Rn. 231 ff.; *Peine*, Systemgerechtigkeit, 1985, passim, insbesondere S. 56 ff., 282 ff.; *Christian Starck*, in: v. Mangoldt-Klein-Stark, Das Bonner GG, Bd. 1, 3. Aufl. 1985, Art. 3, Rn. 33 ff.

[176] Vgl. *Kokemoor*, Fn. 52, S. 412 ff. und *Bieback*, Fn. 140.

mögen.[177] Das gegenwärtige System der Kindererziehungszeiten in der Rentenversicherung dient nicht dazu, Beitragslücken zu schließen, sondern soll die Erziehungsleistung honorieren, weshalb es nicht gerechtfertigt ist, Erziehungsleistung, die neben der Zahlung von Beiträgen durchschnittlicher Höhe geschieht, völlig unbeachtet zu lassen.[178]

6. Zusammenfassung

Zuerst sollen die fünf Thesen noch einmal zusammengefaßt werden.

1. Nicht die Regelungen über den Bestandsschutz konkreter Positionen, sondern die allgemeinen und formalen Anforderungen des Verfassungsrechts setzen Kürzungen und Umstrukturierungen von Sozialleistungen Schranken.

2. Die Einbeziehung öffentlich-rechtlicher Sozialleistungsansprüche in den Eigentumsschutz bleibt auf die Funktion beschränkt, über die enge Rechtsprechung zum allgemeinen rechtsstaatlichen Vertrauensschutz hinaus für Änderungen des Sozialleistungsrechts einen stärkeren Vertrauensschutz und ein Übergangsrecht zu fordern. Dabei hat das Bundesverfassungsgericht viel zu weitgehend selbst radikale Eingriffe in schon zuerkannte Leistungen akzeptiert, wenn anders ein dringendes Kürzungsvorhaben nicht zu realisieren wäre. Deshalb läuft der Eigentumsschutz von Sozialleistungsansprüchen praktisch weitgehend leer.

3. Seine Ursache hat dies darin, daß der Eigentumsschutz von Sozialleistungen die Besonderheiten und Sachstruktur des Sozialrechts und seiner Änderungen nicht hinreichend differenziert aufgreift. Letztlich negiert und zerstört er sogar die Strukturen des Sozialversicherungsrechts.

4. Die allgemeinen verfassungsrechtlichen Vorgaben, insbesondere die sozialstaatlichen und grundrechtlichen Schutzpflichten, gewährleisten auch nicht den Bestand konkreter Ansprüche, sondern nur die Solidarität innerhalb des Systems und den Schutz besonderer Personengruppen.

5. Dies geschieht im wesentlichen über die differenzierte, vom Sozialstaatsprinzip gesteuerte Anwendung des Grundsatzes der Gleichbehandlung. Er legitimiert als modales, nicht inhaltliches Prinzip die Anerkennung besonderer Schutzbedarfe, kann aber auch die Stärkung besonderer Leistungen rechtfertigen.

Substantiell und konkreter verfassungsrechtlich geschützt sind Sozialleistungen in viererlei Weise:

---

[177] BVerfGE 92, 53 (71 ff.).
[178] BVerfG v. 12. 3. 1996 NJW 1996, 2293 ff = BVerfGE 94, 241. Vgl. *Christine Holler*, Verletzung des Gleichheitsgebots bei Zusammentreffen von Kindererziehung mit Rentenbeiträgen, DAngVers 1996, 425–426.

– Durch Art. 14 GG und/oder einer bereichsspezifischen Fortentwicklung des rechtsstaatlichen Vertrauensschutzes vor übergangslosen Änderungen dann, wenn auf der Basis von zugesagten Leistungsansprüchen wichtige Dispositionen getroffen sind;
– als Kernbereich des Eigentumsschutzes von Sozialversicherungsleistungen der Totalentzug von festen Anwartschaften oder Ansprüchen ohne Kompensation und ohne gleitenden Übergang;
– durch Art. 3 Abs. 1 GG in Verbindung mit den grundrechtlichen und sozialstaatlichen Schutzpflichten Leistungen für besonders schutzbedürftige Personengruppen;
– durch Art. 3 Abs. 1 GG in Verbindung mit den wesentlichen Grundprinzipien des Sozialversicherungsrechts sowie Art. 14 GG dahin, daß Sozialversicherungen ihren Beitragszahlern einen Mindestschutz gewähren müssen, der über dem der Sozialhilfe liegen muß.

7. Sozial- und verteilungspolitische Aspekte

Damit wird in bescheidenem Maße ein Schutz gewährt, der den wesentlichen Prinzipien des Sozialstaats entspricht: die Solidarität mit den Benachteiligten und die materielle Gleichbehandlung.

Ist damit der Versuch gescheitert, über die Anwendung der Eigentumsgarantie des Art. 14 GG auf Sozialleistungsansprüche das verfassungsrechtliche Prinzip von „Sicherheit" aus dem 19. Jahrhundert, den liberalen Rechtsstaat und die Garantie des Eigentums, mit dem verfassungsrechtlichen Prinzip von „Sicherheit" des 20. Jahrhunderts, dem Sozialstaat, in Einklang zu bringen? Die Frage muß in ihrem Ansatz weitergehend gestellt werden. Was ist „Sicherheit" im demokratischen und sozialen Rechtsstaat? Von Scheitern wird nur der sprechen können, der unter „Sicherheit" die Sicherheit des festen „Besitzstandes" versteht.

Bei dem Schutz gegen Abbau und Umbau von Sozialleistungen geht es um die Sicherheit durch staatliche Umverteilung. Verteilungspolitische Gerechtigkeit wird aber traditionell an drei Prinzipien gemessen: Beitrags- oder Leistungsprinzip, Gleichheitsprinzip und Bedürfnisprinzip.[179] Diese Prinzipien sind weder selbst eindeutig noch ist ihr Verhältnis zueinander klar noch sind sie allgemein akzeptiert. In unserer Gesellschaft streiten unterschiedliche, miteinander konfligierende und gut begründete Konzepte distributiver Gerechtigkeit miteinander.

Daraus folgt meines Erachtens einmal, daß ein Konzept für den Schutz von Positionen im sozialstaatlichen „Verteilungskampf" nicht nur auf ein

---

[179] Vgl. *Michael Walzer*, Sphären der Gerechtigkeit, 1992, S. 51 ff.; *Ronald Dworkin*, What is Equality? Part 1: Equality of Welfare, (1981) 10 Philosophy and Public Affairs 185–246.

Prinzip distributiver Gerechtigkeit gestützt werden kann, sondern alle drei Prinzipien berücksichtigen muß. Deshalb ist die Dominanz in der öffentlichen und verfassungspolitischen Diskussion, die der Schutz von Sozialversicherungsleistungen durch Art. 14 GG und damit das Prinzip der Verteilung nach Beitrag und Leistung einnimmt, nicht plausibel. Entweder muß dieses Schutzkonzept selbst erweitert oder aber durch andere Konzepte ergänzt werden. Die zweite Alternative habe ich hier entwickelt.

Zweitens folgt daraus, daß der Konflikt zwischen Konzepten distributiver Gerechtigkeit nicht autoritativ, sondern nur über faire Verfahren der Konsensbildung gelöst werden kann. Hier liegt die Notwendigkeit für Konzeptionen der *prozeduralen Gerechtigkeit*.[180] Soziale „Sicherheit" als Gewißheit und Vertrauensschutz im Verteilungskonflikt kann heute nicht mehr in den Kategorien eines dem Staat vorgegebenen oder ihm aufgegebenen Eigentums gedacht werden. Sie wird nur allgemein verfahrensrechtlich zu begründen sein durch einen Diskurs über die berechtigten Sicherheits- und Verteilungsinteressen unterschiedlicher Generationen und Gruppen. Praktisch realisieren ließe sie sich nur in dem, was „Moderne" auch verfassungsrechtlich ausmacht, die Transparenz und Rationalität demokratischer Verfahren der Entscheidung und die Anerkennung aller Bürger als gleicher Staatsbürger mit gleichem Anspruch auf Achtung.[181] Hier hat die Praxis einige Formen entwickelt, die Kontinuitätsinteressen mit notwendigen Veränderungen verbinden:

– Grundlegende Reformen nur über eine „Große Koalition" des Parlaments, wie beim AFG von 1969, beim GSG von 1992 und allen großen Rentenreformen seit 1956,

– hinreichende Erarbeitung von Alternativen über plural zusammengesetzte Sachverständigenkommissionen, wie öfter in der Rentenversicherung, aber viel zu selten in der Kranken- und Arbeitslosenversicherung,

– Entwicklung möglichst inhärent flexibler, langfristig stabiler Anpassungsmodalitäten, wie in den Formeln zur Anpassung der Altersrenten oder auch der Regelsätze der Sozialhilfe und

– die Festlegung auf einen festen, vorhersehbaren Typus von Übergangsrecht.[182]

---

[180] Vgl. *Klaus F. Röhl*, Verfahrensgerechtigkeit (Procedural Justice). Einführung in den Themenbereich und Überblick, Zeitschrift für Rechtssoziologie 1993, 1–34; *Volker H. Schmidt*, Zum Verhältnis prozeduraler und distributiver Gerechtigke – Am Beispiel „lokaler" Verteilungsprobleme, Zeitschrift für Rechtssoziologie 1993, 80–96.

[181] Hierzu erste Ansätze bei *Günter Frankenberg*, REPUBLIK und SOZIALSTAAT, KritVS 1995, S. 25–41, 37 ff.

[182] Vgl. hierzu den positiven neuen Ansatz in § 422 SGB III, während eine vorhersehbare Anpassungsformel für einen „regelgebundenen" Bundeszuschuß zur Arbeitslosenversicherung, wie ihn § 287 des Entwurfes eines Arbeits- und Strukturförderungsgesetzes (AFSG) v. 18. 5. 1995 BT-Drs. 13/1440) versuchte, nicht Gesetz geworden ist.

Bei Fragen zur Produktsicherheit wenden Sie sich bitte an:
If you have any questions regarding product safety,
please contact:

Walter de Gruyter GmbH
Genthiner Straße 13
10785 Berlin
productsafety@degruyterbrill.com